国家出版基金项目
NATIONAL PUBLICATION FOUNDATION

"十三五"国家重点图书出版规划项目

中国土地与住房研究丛书·村镇区域规划与土地利用

丛书主编　冯长春

Research on Urbanization Willingness
and Paths of the Farmers in
MAJOR GRAIN PRODUCING AREA

粮食主产区农民城镇化
意愿和路径研究

沈昊婧　冯长春 / 著

北京大学出版社
PEKING UNIVERSITY PRESS

图书在版编目(CIP)数据

粮食主产区农民城镇化意愿和路径研究/沈昊婧,冯长春著.—北京:北京大学出版社,2021.10

(中国土地与住房研究丛书.村镇区域规划与土地利用)

ISBN 978-7-301-32702-9

Ⅰ.①粮… Ⅱ.①沈… ②冯… Ⅲ.①粮食产区—农民—城市化—研究—中国 Ⅳ.①D422.64

中国版本图书馆 CIP 数据核字(2021)第 223171 号

书　　　名　粮食主产区农民城镇化意愿和路径研究
　　　　　　LIANGSHI ZHUCHANQU NONGMIN CHENGZHENHUA
　　　　　　YIYUAN HE LUJING YANJIU
著作责任者　沈昊婧　冯长春　著
责 任 编 辑　王树通　赵旻枫
标 准 书 号　ISBN 978-7-301-32702-9
出 版 发 行　北京大学出版社
地　　　址　北京市海淀区成府路 205 号　100871
网　　　址　http://www.pup.cn　　新浪微博:@北京大学出版社
电 子 信 箱　zpup@pup.cn
电　　　话　邮购部 010-62752015　发行部 010-62750672　编辑部 010-62764976
印 刷 者　天津中印联印务有限公司
经 销 者　新华书店
　　　　　　730 毫米×1020 毫米　16 开本　10.5 印张　200 千字
　　　　　　2021 年 10 月第 1 版　2021 年 10 月第 1 次印刷
定　　　价　36.00 元

"中国土地与住房研究丛书"
村镇区域规划与土地利用

编辑委员会

主编　冯长春

编委　（按姓氏拼音排序）

丛书总序

　　本丛书的主要研究内容是探讨我国新型城镇化之路、城镇化与土地利用的关系、城乡一体化发展及村镇区域规划等。

　　在当今经济全球化的时代，中国的城镇化发展正在对我国和世界产生深远的影响。诺贝尔奖获得者、美国经济学家斯蒂格利茨(J. Stiglitz)认为中国的城镇化和美国的高科技是影响 21 世纪人类发展进程的两大驱动因素。他提出"中国的城镇化将是区域经济增长的火车头，并产生最重要的经济利益"。

　　2012 年 11 月，党的十八大报告指出："坚持走中国特色新型工业化、信息化、城镇化、农业现代化道路，推动信息化和工业化深度融合、工业化和城镇化良性互动、城镇化和农业现代化相互协调，促进工业化、信息化、城镇化、农业现代化同步发展。"

　　2012 年的中央经济工作会议指出："积极稳妥推进城镇化，着力提高城镇化质量。城镇化是我国现代化建设的历史任务，也是扩大内需的最大潜力所在，要围绕提高城镇化质量，因势利导、趋利避害，积极引导城镇化健康发展。要构建科学合理的城市格局，大中小城市和小城镇、城市群要科学布局，与区域经济发展和产业布局紧密衔接，与资源环境承载能力相适应。要把有序推进农业转移人口市民化作为重要任务抓实抓好。要把生态文明理念和原则全面融入城镇化全过程，走集约、智能、绿色、低碳的新型城镇化道路。"

　　2014 年 3 月，我国发布《国家新型城镇化规划(2014—2020 年)》。根据党的十八大报告、《中共中央关于全面深化改革若干重大问题的决定》、中央城镇化工作会议精神、《中华人民共和国国民经济和社会发展第十二个五年规划纲要》和《全国主体功能区规划》编制，按照走中国特色新型城镇化道路、全面提高城镇化质量的新要求，明确未来城镇化的发展路径、主要目标和战略任务，统筹相关领域制度和政策创新，是指导全国城镇化健康发展的宏观性、战略性、基础性规划。

　　从世界各国来看，城市化(我国称之为城镇化)具有阶段性特征。当城市人口超过 10% 以后，进入城市化的初期阶段，城市人口增长缓慢；当城市人口超过 30% 以后，进入城市化加速阶段，城市人口迅猛增长；当城市人口超过 70% 以后，进入城市化后期阶段，城市人口增长放缓。中国的城镇化也符合世界城市化的一般规律。总结自 1949 年以来我国城镇化发展的历程,经历了起步(1949—1957 年)、曲折发展(1958—1965 年)、停滞发展(1966—1977 年)、恢复发展(1978—1996 年)、快速发展(1997 年以来)等不同阶段。新中国成立后,国民经济逐步恢复,尤其是"一五"期间众多建设项目投产,工业化水平提高,城市人口增加,拉开了新中国城镇化进程的序幕。城市数量从 1949 年的 136 个增加到 1957 年的 176 个,城市人口从 1949 年的 5 765 万人增加到 1957 年 9 949 万人,城镇化水平从 1949 年的 10.6% 增长到 15.39%。1958—1965 年这一时期,由于"大跃进"和自然灾害的影响,城镇化水平起伏较大,前期盲目扩大生产,全民大办工业,导致城镇人口激增 2 000 多万,后期由于自然灾害等影响,国民经济萎缩,通过动员城镇工人返乡和调整市镇设置标准,使得城镇化水平回缩。1958 年城镇化水平为 15.39%,1959 年上升到 19.75%,1965 年城镇化水平又降低到 1958 年水平。1966—1977 年,"文化大革命"期间,国家经济发展停滞不前,同时大批知识青年上山下乡,城镇人口增长缓慢,城镇化进程出现反常性倒退,1966 年城镇化水平为 13.4%,1976 年降为 12.2%。1978—1996 年,十一届三中全会确定的农村体制改革推动了农村经济的发展,释放了大量农村剩余劳动力,改革开放政策促进城市经济不断壮大,国民经济稳健发展,城镇化水平稳步提升,从 1979 年的 17.9% 增加到 1996 年的 29.4%,城市数量从 1978 年的 193 个增加到 1996 年的 668 个。1996 年以来,城镇化率年均增长 1 个百分点以上。2011 年城镇人口达到 6.91 亿,城镇化水平达到 51.27%,首次突破 50%;2012 年城镇化率比上年提高了 1.30 个百分点,城镇化水平达到 52.57%;2013 年,中国大陆总人口为 136 072 万人,城镇常住人口 73 111 万人,乡村常住人口 62 961 万人,城镇化水平达到了 53.7%,比上年提高了 1.1 个百分点。2014 年城镇化水平达到 54.77%,比上年提高了 1.07 个百分点;2015 年城镇化水平达到 56.10%,比上年提高了 1.33 个百分点。这表明中国社会结构发生了历史性的转变,开始进入城市型社会为主体的城镇化快速发展阶段。与全球主要国家相比,中国目前的城镇化水平已超过发展中国家平均水平,但与发达国家平均 77.5% 的水平还有较大差距。

探讨我国新型城镇化之路,首先要对其内涵有一个新的认识。过去一种最为普遍的认识是:城镇化是"一个农村人口向城镇人口转变的过程"。在这种认识的指导下,城镇人口占国家或地区总人口的比重成为衡量城镇化发育的关键,多数情况下甚至是唯一指标。我们认为:城镇化除了是"一个农村人口向城镇人口转变的过程",还包括人类社会活动及生产要素从农村地区向城镇地区转移的过程。新型城镇化的内涵应该由 4 个基本部分组成:人口;资源要素投入;产出;社会服务。换言之,新型城镇化的内涵应该由人口城镇化、经济城镇化、社会城镇化和资源城镇化所组成。

人口城镇化就是以人为核心的城镇化。过去的城镇化,多数是土地的城镇化,而不是人的城镇化。多数城镇化发展的路径是城镇规模扩张了,人却没有在城镇定居下来。所谓"没有定居",是指没有户籍、不能与城镇人口一样享受同样的医保、福利等"半城镇化"的状态。2013年中国"人户分离"人口达到了2.89亿人,其中流动人口为2.45亿人,"户籍城镇化率"仅为35.7%左右。人口城镇化就是要使半城镇化人口变成真正的城镇人口,在提高城镇化数量的同时,提高城镇化的质量。

城镇化水平与经济发展水平存在明显的正相关性。国际经验表明,经济发达的地区和城市有较高的收入水平和更好的生活水平,吸引劳动力进入,促进城市化发展,而城市人口的增长、城市空间的扩大和资源利用率的提升,又为经济的进一步发展提供必要条件。发达国家城市第三产业比重达到70%左右,而我国城市产业结构以第二产业为主导。经济城镇化应该是城市产业结构向产出效益更高的产业转型,通过发展集群产业,带来更多的就业和效益,以承接城镇人口的增长和城市规模的扩大,这就需要进行产业结构调整和经济结构转型与优化。

社会城镇化体现在人们的生活方式、行为素质和精神价值观及物质基础等方面。具体而言,是指农村人口转为城镇人口,其生活方式、行为、精神价值观等发生大的变化,通过完善基础设施以及公共服务配套,使得进城农民在物质、精神各方面融入城市,实现基本公共服务均等化。

资源城镇化是指对土地、水、能源等自然资源的高效集约利用。土地、水和能源资源是制约我国城镇化的瓶颈。我国土地资源"一多三少",总量多,人均耕地面积少、后备资源少、优质土地比较少,三分之二以上的土地利用条件恶劣;我国有500多个城市缺水,占城市总量的三分之二;城镇能耗与排放也成为突出的挑战。因此,资源城镇化就是要节能减排、低碳发展、高效集约利用各类资源。

从新型城镇化的内涵理解入手,本丛书的作者就如何高效集约地利用土地资源,既保证社会经济和城镇化发展的用地需求,又保障粮食安全所需的十八亿亩耕地不减少进行了研究。同时,以人为核心的城镇化,能使得进城农民市民化,让城镇居民安居乐业,本丛书研究了我国新型城镇化进程中的"人—业—地—钱"相挂钩的政策,探讨了我国粮食主产区农民城镇化的意愿及城镇化的实现路径。

在坚持以创新、协调、绿色、开放、共享的发展理念为引领,深入推进新型城镇化建设的同时,加快推进城乡发展一体化,也是党的十八大提出的战略任务。习近平总书记在2015年4月30日中央政治局集体学习时指出:"要把工业和农业、城市和乡村作为一个整体统筹谋划,促进城乡在规划布局、要素配置、产业发展、公共服务、生态保护等方面相互融合和共同发展。"他强调:"我们一定要抓紧工作、加大投入,努力在统筹城乡关系上取得重大突破,特别是要在破解城乡二元结构、推进城乡要素平等交换和公共资源均衡配置上取得重大突破,给农村发展注入新的动力,让广大农民平等参与改革发展进程、共同享受改革发展成果。"因此,根据党的十八大提出的战略任务和习近平同志指示精神,国家科学技术部联合教育部、国土资源部(现自然资源部)等部门组织北京大学、中国科学院地理科学与资源研究所、同济大学、武汉大学、东南大学等单位开展了新农村建设和城乡一体化发展的相关研究。本丛书展示的一些成果就是关于新农村规划建设和城乡一体化发展的研究成果,这些研究成果力求为国家的需求,即新型城镇化和城乡一体化发展提供决策支持和技术支撑。北京大学为主持单位,同济大学、武汉大学、东南大学、中国科学院地理科学与资源研究所、北京师范大学、重庆市土地勘测规划院、华南师范大学、江苏省城镇与乡村规划设计研究院、广东省城乡规划设计研究院等单位参加的研究团队,在"十一五"国家科技支撑计划重大项目"村镇空间规划与土地利用关键技术研究"的基础上,开展了"十二五"国家科技支撑计划重点项目"村镇区域空间规划与集约发展关键技术研究"。紧密围绕"土地资源保障、村镇建设能力、城乡统筹发展"的原则,按照"节约集约用地、切实保护耕地、提高空间效率、推进空间公平、转变发展方式、提高村镇生活质量"的思路,从设备装备、关键技术、技术标准、技术集成和应用示范五个层面,深入开展了村镇空间规划地理信息卫星快速测高与精确定位技术研究、村镇区域发展综合评价技术研究、村镇区域集约发展决策支持系统开发、村镇区域土地利用规划智能化系统开发、村镇区域空间规划技术研究和村镇区域空间规划与土地利用优化技术集成示范等课题的研究。研制出 2 套专用设备,获得 13 项国家专利和 23 项软件著作权,编制 22 项技术标准和导则,开发出 23 套信息化系统,在全国东、中、西地区 27 个典型村镇区域开展了技术集成与应用示范,为各级国土和建设管理部门提供了重要的技术支撑,为我国一些地方推进城乡一体化发展提供了决策支持。

新型城镇化和城乡一体化发展涉及政策、体制、机制、资源要素、资金等方方面面,受经济、社会和生态环境等各种因素的影响。需要从多学科、多视角进行系统深入的研究。这套丛书的推出,旨在抛砖引玉,引起"学、研、政、产"同仁的讨论和进一步研究,以期能有更多更好的研究成果展现出来,为我国新型城镇化和城乡一体化发展提供决策支持和技术支撑。

中国土地与住房研究丛书·村镇区域规划与土地利用

编辑委员会

2016 年 10 月

内 容 简 介

　　我国城镇化发展已站在新的起点上。在发展的人口红利和土地红利减弱的背景下,面对城镇化发展过程中的人口增长和土地资源紧张等问题,亟须对城镇化路径进行新的思考。在国家宏观战略中占有重要地位的粮食主产区,耕地保护与经济发展的矛盾尤其突出。城镇化是"人的城镇化",农民是城镇化的主力军,从农民视角出发研究城镇化具有重要意义。

　　本书从农民个体视角出发,从"人—地"关系切入,以河南省新乡市为例,研究粮食主产区的城镇化路径。通过对案例地区农村居民的问卷调查和访谈获得一手数据,主要采用人力资本理论分析农民的城镇迁移行为、非农就业行为和土地流转行为,总结基于农民意愿的粮食主产区城镇化发展路径,最后提出相关建议。数据处理方法包括描述性统计分析方法、离散选择模型、质性访谈等。主要研究结论如下:

　　(1)粮食主产区存在跨越小城镇的跨级城镇化,新农村社区是粮食主产区城镇化的重要过渡形式。从农民的城镇迁移行为来看,中部粮食主产区以省内就近城镇化为主,县城是农民向城镇迁移的首要目的地,新农村社区是城镇化中的一个有效过渡,农民城镇化跨越建制镇一级。年轻、女性、收入更高的农民更向往高等级城镇。农民的迁移预期和迁移意愿紧密关联。

　　(2)农民的非农就业行为促进其城镇化。兼业农民普遍存在,主要从事建筑业和制造业,空间选择以新乡市内为主。新农村社区建设促进农民的非农就业;非农就业促进城镇迁移行为。年轻农民非农就业受父辈和自身职业路径影响。

　　(3)农户在城镇化过程中倾向于持有宅基地而流转农地。农民对土地的权利意识强烈,对宅基地的产权意识要强于农地,但是对政策了解程度较低。新农村社区建设有利于土地集约节约。农民普遍不愿意退出宅基地,其原因主要是落叶归根的传统思想,以及对进城生活后各种不确定性的风险防范,农民对退出宅基地后补偿的需求主要是稳定的住房。多数农民希望转出农地,以有更多的精力从事非农就业。

　　(4)人力资本是影响粮食主产区城镇化的重要因素。粮食主产区城镇化路径的主要影响因素有五项,其中人力资本是重要影响因素。① 人力资本:除了教育水平具有至关重要的影响,辨识出"发展"的见识水平比"静止"的更重要。② 经济资本:经济实力的提升支持农民的城镇化意愿。③ 土地资产:农民所拥有的土地资产使其产生了基于土地的发展路径依赖,土地规模大的农民会倾向于继续留在农村。④ 城镇化的三个维度——居住、就业、土地的相互影响、相互带动:其中就业对其他两项的带动作用最为明显。⑤ 个体特征:个体性别和年龄的影响主要体现在劳动生产上。

（5）粮食主产区农民实现城镇化有三种主要路径。归纳农民个体行为视角下、"人—地"关系转变中的城镇化过程,从农民意愿出发,总结粮食主产区农民实现城镇化的三条主要路径:第一,见识水平较高的中年农民,或见识水平较高的邻近城区的农民采取"本地非农就业带动型的路径";第二,教育水平和见识水平普遍较高的年轻农民采取"异地非农就业带动型的路径";第三,教育水平和见识水平普遍较低的农民采取"以新农村为过渡的路径"。

目　录

第一章

绪　论

1.1　背景与意义

1.1.1　理论背景

1. 城镇化研究中"乡村偏向"的兴起

城镇化研究中"城市偏向"的特征明显,但"乡村偏向"的研究正在兴起。我国区域和城市发展中,存在明显的"城市偏向",在政府公共财政的分配、土地利用和土地价格的制定等方面均采取有利于城市发展的政策,结果导致严重的城乡差距。我国的城镇化发展方针和政策、城镇化的理论和实证研究均带有较为显著的城市偏向特征(蔡昉 等,2008)。城镇化研究多为问题导向型的研究,具有较为显著的政策指向性特征(米尔斯,2005)。这种"城市偏向"的城镇化发展策略在一定历史时期促进了社会的发展和城镇化的发展,但其在发展中也存在不可忽视的问题。在城乡分割体制下,城市居民普遍享有比农村居民更高的就业、福利、社会服务等补贴,而且城市规模越大,所享受的补贴力度也就越大(蔡昉,2005)。与此同时,政府对农村发展的关注和城乡统筹发展的决心,无疑将会推动"城市偏向"的扭转。

城镇化和城市发展的最终目的应该是人的全面、自由和充分的发展,即"人的完全城镇化"。为实现这一目标,城镇化研究中"城市偏向"的视角在被不断扭转,而城镇化主力军——农民的城镇化问题在被日渐关注。在可预见的未来,"乡村偏向"的研究视角和思潮将成为理论界的热点。

2. 地理学研究中的"社会学转向"

地理学研究中"社会学转向"已成为主流趋势之一。近现代西方的人文地理学在发展中产生了"制度转向"和"文化转向"的新变化,即引进了"制度环境"(包括各种正式的及非正式的社会、经济、文化和政治系统特征)和"制度安排"(指组织形态、市场、企业、工会、议会、政府单位及国家福利制度等)等概念,陆大道先生在《牛津经济地理手册》中译本序言中提到"用各种社会科学的新视点来探讨经济的地理现象"(克拉克 等,2005)。法国马克思主义哲学家亨利·列斐伏尔(H. Lefebvre)将历史性、社会性和空间特性结合起来,提出了"空间的生产"(production of space),更强调空间的社会属性。Gouthie 等(2000)指出,人文地理学也进入了从空间分析到社会理论的演化阶段,空间的社会性逐渐引起人们的关注。Harvey(1989)认为,世界从 20 世纪 70 年代以来,就在经历着时间、空间都在不断压缩的阶段,这改变了人们对于时间和空间的感受和感觉,因此,Harvey 在研究中将时间、空间作为其研究社会架构全过程中的重要因素之一。

城镇化不仅要实现经济的城镇化、空间的城镇化,更重要的是实现社会城镇化,最终实现"人的城镇化"。因此,作为城镇化客体的"城市空间",其研究已在社会科学"人文化""社会学转向"的思潮下发生了变化,从全新的角度对传统的城镇化理论进行补充和研究。

1.1.2　现实背景

1. 城镇化进程中人口和土地不协调

我国城镇化已处于新的发展机遇中。2011 年城镇化率达到 51.27%(图1-1),城镇的人口首次超过了农村的人口,这标志着我国的现代化建设进入了一个新的发展阶段。城镇化的快速推进,吸纳了大量农村劳动力转移就业,提高了城乡居民的生活水平,取得了巨大的成绩。

城镇化发展中的问题和矛盾日益突出,集中表现在人口城镇化和土地城镇化的不相协调。一是土地城镇化快于人口城镇化的现象突出,"化地不化人"的问题普遍存在。二是廉价劳动力和廉价土地成本支撑下的快速发展不可持续,人口红利和土地红利均在减弱,亟须创新发展模式。三是我国人多地少的基本国情使土地资源紧缺,围绕土地拆迁引发的问题困扰多数城市发展。

《中共中央关于全面深化改革若干重大问题的决定》中强调:"完善城镇化健康发展体制机制。坚持走中国特色新型城镇化道路,推进以人为核心的城镇化,推动大中小城市和小城镇协调发展、产业和城镇融合发展,促进城镇化和新农村建设协调推进。优化城市空间结构和管理格局,增强城市综合承载能力。"2013年 12 月,中央首次在经济工作会议期间召开了中央城镇化工作会议,要求"要以

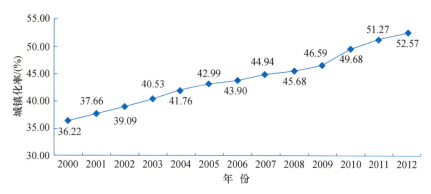

图 1-1　中国城镇化率(2000—2012 年)

人为本,推进以人为核心的城镇化,提高城镇人口素质和居民生活质量,把促进
有能力在城镇稳定就业和生活的常住人口有序实现市民化作为首要任务"。
2014 年政府工作报告明确指出,"今后一个时期,着重解决好现有'三个 1 亿人
问题',促进约 1 亿农业转移人口落户城镇,改造约 1 亿人居住的城镇棚户区和
城中村,引导约 1 亿人在中西部地区就近城镇化"。2014 年 3 月发布的《国家新
型城镇化规划(2014—2020 年)》是指导全国城镇化健康发展的宏观性、战略性、
基础性规划。

2. 粮食主产区经济发展和耕地保护相冲突

粮食主产区肩负"保增长、保耕地"的双保重任,人地矛盾最为突出。一方
面,保护耕地是我国的基本国策。保障粮食产量事关国家安全,粮食主产区保护
耕地、保障 18 亿亩红线不被突破具有战略意义。另一方面,发展是解决农业、农
村、农民问题的根本途径。农业收入较低,只能维持农民家庭基本生活,不能提
供更多的货币收入,解决生产资料购买、子女上学、结婚、人情往来等货币支出,
农民的增收必须借助非农化、社会化途径解决。相对农村来说,城市的各项基础
设施比较完善,为人们提高生活质量和促进产业发展创造了条件,推进城镇化是
解决三农问题的重要途径。

1.1.3　研究意义

在以上的理论背景和现实背景下,本书选择从农民的视角出发,以"人—地"
关系为切入点,研究粮食主产区的城镇化路径,有以下研究意义:

(1)理论意义。本书打破从"城市偏向"视角的城镇化研究思路,从农村和
农民的角度出发,研究具有"乡村偏向"的城镇化路径,对于丰富城镇化发展和城
镇化路径的理论研究有重要意义。与此同时,本书着重从农民个体行为的视角

出发,在地理学"社会学转向"的理论研究趋势下,研究农民个体在城镇化进程中的行为和路径,可丰富社会学转向的城镇化研究理论体系。

(2)现实意义。在我国城镇化发展中面临的人地矛盾突出的现实背景下,如何转变人口城镇化和土地城镇化不协调的现状,以实现高质量的城镇化,已成为重要议题。本研究正是基于这样的思考,选择人口与土地、发展与耕地矛盾最为突出的粮食主产区为重点研究区域,紧扣城镇化进程中的人口和土地要素,以"人—地"关系为切入点来研究城镇化路径问题,为解决现阶段我国发展中的实际困境献计献策。

1.2　研究问题和对象

1.2.1　研究问题

研究要回答的关键问题是:粮食主产区的农民希望如何实现城镇化? 具体可分解为三个方面:

(1)粮食主产区农民的居住地调整。粮食主产区农民的居住地怎样调整? 什么样的农民愿意往城镇迁移? 主要影响因素是什么?

(2)粮食主产区农民的就业变化。粮食主产区农民的非农就业是怎样的? 什么样的农民进入了非农产业? 主要影响因素是什么?

(3)粮食主产区农民的土地资产变化。粮食主产区农民在城镇化进程中是如何处理其土地资产的? 什么样的农民更倾向于流转自己的土地? 主要影响因素是什么?

1.2.2　概念界定

本书对涉及的主要概念作如下界定:

(1)农村、乡村、村庄。这三者表达意思相同,属同一个概念,都指的是与城市地域相对应的、以农业生产为主的人们的聚居地。在本书的表述中,并不显著区分这三者,按照一些约定俗成的说法进行表述,如新农村社区等。

(2)意愿、行为。意愿的本意指的是愿望,是主体主观上希望达到的状态和需求。行为就是行动,是主体在客观上表现出的一系列活动。本书中所涉及的"意愿"指的是农民对于城镇化的希望和愿望,即主观上的需求和倾向;本书中所涉及的"行为"指的是农民在城镇化过程中,客观上进行决策和选择的行动。

(3)路径。路径的本意是指道路,为了到达目的地所走的路线。因此,路径的引申含义也用来指办事过程中为达到目的所采用的方法、所采取的措施。本书中所涉及的"路径"指的是农民为实现城镇化所走的路线,也就是说,农民在实现城镇化的过程中,所采用的方法、采取的措施。

1.2.3 研究区域

根据财政部于 2003 年发布的《关于改革和完善农业综合开发若干政策措施的意见》,我国的粮食主产区包括黑龙江(含省农垦总局)、吉林、辽宁(不含大连)、内蒙古、河北、河南、山东(不含青岛)、江苏、安徽、江西、湖北、湖南和四川这 13 个省级单位。粮食主产区的主要特征是:粮食生产的自然条件优越,农业生产以粮食的种植为主,粮食的综合生产能力高,农民收入的主要来源是种植粮食,在国家粮食安全战略中占据重要位置(顾莉丽,2012)。

粮食主产区在发展中面临的"人和地"的矛盾最为突出,而河南省作为我国人口最多的省份,同时也是农业大省,其人口和发展的矛盾更是尤为突出。新乡市是河南省重要的粮食产地,先后被评为河南省粮食生产先进市、全国粮食生产先进市,在河南省的粮食生产中占据重要地位。

综上,本书选择新乡市为案例区域,研究粮食主产区这一特殊地域类型的城镇化路径问题。

1.3 研究思路和方法

1.3.1 研究思路

本书的研究从四个方面展开,包括两个出发点和两个特定条件:

1. 出发点一:从"人—地"关系调整切入城镇化研究

从"人—地"关系角度切入,以农村人口迁移、就业行为和土地流转行为为着眼点,研究城镇化进程中的人口和土地关系的调整,探索研究人口和土地协调城镇化的路径。研究侧重人口城镇化、土地城镇化、人口和土地协调城镇化进程。

2. 出发点二:从农民个体意愿视角出发

从农民个体行为、从农村的视角研究城镇化路径。城镇化的本质是经济、社会、人口和资源等要素从"农"转"城"的过程。农民是城镇化的主体,城镇化的过程归根结底是"人"的城镇化,是"农民"融入城市生活。因此从农民个体行为的视角研究城镇化路径有研究意义。

3. 特定条件一:以河南省新乡市为例,关注粮食主产区的特点

研究以河南省新乡市为例,探讨"粮食主产区"这一特殊地域系统的城镇化路径。粮食主产区肩负着粮食生产和耕地保护的重任,同时也面临着发展的问题。对于这样一种特殊的地域系统,如何实现健康城镇化,已成为重要的研究主题。

由于这个条件限制,本书的研究成果对同为粮食主产区的中部和东北地区最具有借鉴意义,对西部地区其次,与经济发展条件较好的东部地区可能存在差异。

4. 特定条件二:基于农村乡土的社会调查,以就近城镇化人群为主

基于农村乡土的社会调查,是研究获取数据和资料的主要方法。作为一个粮食主产区的普通地级市,新乡市是农民对外务工的输出地。研究开展的调查时段,不是重大节日,异地农民工返乡不多,接受问卷调查的农民职业以本地务农、务工、经商为主。有调查表明,外出就业的农民与留在村里的农民相比,无论是年龄还是受教育程度都更占优势,即素质相对较高的人员从农业生产中流动出去,留下的是素质相对较低的一部分人。

从这个意义上说,研究调查群体的城镇化路径与目前研究较多的大都市农民工有较大差距。研究认为,这部分人属于《2014 年政府工作报告》中提到的在中西部地区就近城镇化的 1 亿人。他们的年龄在 20—50 岁之间,主要是通过就业的转变实现城镇化,而不是通过外出求学、参军获得城市居民身份。

总之,本书在城镇化理论的基础上,从农民个体行为的视角研究"人—地"关系调整中的城镇化进程,探索适合粮食主产区农民的城镇化路径。

1.3.2　研究方法

深入调查是研究的坚实基础。本书选择问卷和访谈的方式进行研究,在通过调查问卷和访谈获得一手数据的基础上,采用描述性统计分析方法、离散选择模型、质性研究方法进行分析。

主要数据来源于对农民的社会调查。其他研究数据来自《中国统计年鉴》《中国农村统计年鉴》《新乡市统计年鉴》以及新乡市国土资源局(现自然资源和规划局)提供的内部统计资料。

1.4　主要创新点

本书尝试从以下方面取得一定创新的进展。

(1)从"人—地"关系角度构建城镇化路径的理论分析框架,并提出农民实现城镇化的三种路径。从"人—地"关系的角度切入,关注城镇化进程中人口和土地要素相互关系,从农民的视角出发,整合农民个体的城镇迁移行为、非农就业行为和土地流转行为,归纳农民的城镇化路径。研究发现,具有不同人力资本的农民,在城镇化进程中居住调整、就业变化、土地处置会有不同的选择,由此形成各具特色的城镇化路径。本书总结粮食主产区农民实现城镇化的三种主要路径。

(2)从人力资本积累的差异解释农民不同的城镇化选择。本书用人力资本对农民城镇化进程中意愿举措进行解释,拓展了人力资本理论在城镇化研究中的应用。除了教育水平外,辨识出农民通过外出务工获得的见识水平对于促进农民实现城镇化有重要作用。

(3)研究发现粮食主产区的农民在城镇化过程中存在跨越小城镇的跨级城镇化意愿,同时新农村社区是农民实现城镇化的重要过渡形式。本书通过对农民城镇化意愿的调查,发现农民在城镇迁移过程中普遍存在跨越小城镇而直接进入县城的城镇迁移预期和意愿。与此同时,在农民居住选择、非农就业选择和土地流转三个环节中,新农村社区均作为重要的过渡形式存在。粮食主产区的这种跨越小城镇的跨级城镇化与东部发达地区的小城镇繁荣发展的局势有所不同。

第二章

文献回顾

2.1 城镇化研究的理论视角

城镇化(urbanization)是从农村变成城镇的复杂综合过程,涉及经济、社会、文化、政策等多方面、全方位的变化,目前已成为诸多学科研究的热点之一。不同学科对于城镇化的认识和研究各有侧重。人口学家认为城镇化是人口向城镇的集聚;社会学将城镇化看作是城市性生活方式的发展过程;经济学家则认为城镇化是由技术进步而推动的,人口从农业活动向非农业活动转移并在城镇集聚的过程;地理学家认为城镇化是农村地域空间向城市地域空间的转化过程。城镇化的过程其实是"农村劳动力完成从传统产业向现代产业转移、从农村到城市迁移的过程"(孟晓晨,1992)。作为我国最早进行城镇化研究的学者,周一星认为:"城镇化是人类进入工业社会时代,社会经济的发展开始了农业活动的比重逐渐下降,非农业活动的比重逐步上升的过程。与这种经济结构的变动相适应,出现了乡村人口的比重逐渐降低,城镇人口的比重稳步上升,居民点的物质面貌和人们的生活方式逐渐向城镇性状转化或强化的过程。"(周一星,1995)这一概念已得到学界较大程度的认可。

从城镇化概念的发展过程和城镇化研究的发展历程看,城镇化应包括人口城镇化、经济城镇化、社会城镇化和土地城镇化四个部分。起初城镇化描述的现象是人口从农业部门流向非农业部门,人口从乡村地域空间流向城市地域空间,即人口城镇化的过程。在人口城镇化的过程中,相伴随的是生产和生活方式的变化。工业化改变了世界城市形态,在提高生产力的同时解放了劳动力,促使劳动力向城市集聚,并发展第三产业,这其实是经济城镇化的过程,即农业产业向非农产业的转化过程。城市的发展带来的是生活方式的转变,向城市集聚的人口面临着适应与传统农村生活方式不同的城市生活方式,这其实是社会城镇化的过程,即农村生活方式向城市生活方式的转变过程。在以上变化过程中,承载生产生活功能调整的土地也相应调整,从"软"的乡村土地逐步硬化为城镇土地,这就是土地城镇化的过程。对城镇化的研究,主要有以下视角:

(1) 空间的视角。从空间视角对城镇化进行的研究主要是集中在地理学中,以空间极化理论为代表,强调的是区域的不均衡发展。代表人物和理论有:佩鲁(F. G. Perroux)的增长极理论、赫希曼(A. O. Hirschman)的极化涓滴学说、缪尔达尔(K. G. Myrdal)的循环累计因果理论和弗里德曼(J. Friedmann)的核心—边缘理论。第一,增长极理论。20世纪50年代法国经济学家佩鲁首次提出增长极理论。初期,增长极理论主要从产业角度分析,认为具有创新能力的行业首先形成经济发展中的增长极;后期,增长极理论由佩鲁本人和法国经济学家布代维尔(J. R. Boudevile)等人将其推广落实到地理空间上,认为"具有创新能力的行业往往集聚于经济空间的某些点上,形成空间上的增长极。经济增长首先发生在增长极上,然后通过各种方式向外扩散,并对区域整体经济产生影响"(李小建 等,2006)。第二,核心—边缘理论。1966年美国学者弗里德曼在其著作《区域发展政策》一书中提出了核心—边缘理论;此后在1967年的《极化发展理论》中又进行了系统阐述。弗里德曼认为"因多种原因在若干区域之间会有个别区域首先发展并成为中心,其他区域则因发展缓慢而成为外围,核心与边缘存在不平等的发展关系"(李小建 等,2006)。

(2) 经济的视角。经济学家从经济结构的角度对城镇化问题进行研究,代表的理论是二元结构理论。最早提出二元结构或二元主义(dualism)的是荷兰经济学家波克(J. H. Boeke),在其1942年对荷兰政府1860年在印度尼西亚推行经济自由政策的研究中,认为印度尼西亚存在由农业部门和工业部门并存的现象,是典型的二元结构(叶超,2008)。1954年,刘易斯(W. A. Lewis)在其论文"劳动力无限供给下的经济发展"中提出了"二元经济"模型,1955年又出版了《经济增长理论》,从二元经济结构的角度出发,试图综合制度、资本、人口和资源等要素研究经济增长问题。

(3) 生态的视角。第一,田园城市理论。田园城市理论是由英国人霍华德(E. Howard)在其代表作《明日的田园城市》(1898年)中提出的。霍华德用"三磁铁理论"图解了以人民利益为核心的城乡建设模式,城市能够吸引人口的集聚,应从城市与农村结合的角度进行综合的土地利用管理和城市规划建设;认为城市周边要有永久绿地,以保证城乡一体的田园城市的建设。第二,有机疏散理论。芬兰建筑师伊利尔·沙里宁(E. Saarinen)为解决城市由于功能组织不协调而产生的"城市病",在1918年的芬兰大赫尔辛基规划方案中运用了"有机疏散"的思想,并在其1942年的著作《城市:它的发展、衰败和未来》中提出并详细论述了"有机疏散理论"的理论体系(李建军,2012)。第三,可持续发展理论。该理论认为人类活动与自然环境间应保持和谐关系,实现可持续的发展。可持续发展理论是指在自然生态系统的承载力和在保护自然生态环境的前提下,提高人们的生活质量,并促使社会经济的发展(周玉梅,2005)。

(4)社会的视角。第一,人类生态学理论。1916年,以帕克(R. Park)为代表的美国芝加哥大学的学者运用生态学原理研究了芝加哥等城市的人口空间分布和土地利用空间结构,并分析其社会原因与非社会原因。研究认为城市土地空间结构的形成与植物在空间上的竞争相似,是不同阶层的人们愿意去竞争的结果。在此基础上,芝加哥学派的学者继续探索,如伯吉斯(E. Burgess)提出的同心圆模型、霍伊特(H. Hoyt)提出的扇形模型、哈里斯(C. D. Harris)和乌尔曼(E. L. Ullman)提出的多核心模型。第二,城乡连续谱。该理论描述了社会生活在城市和乡村之间的变化,区分了社会过程中自然因素和方向,描述了社会生活在城市和乡村之间的变化。美国社会学家罗吉斯在其著作《乡村社会变迁》中认为,现实中从农村到城市的社区类型是呈现连续谱逐渐变化的(罗吉斯 等,1988;陈晓华,2008),见图2-1。

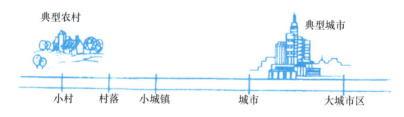

图 2-1　城乡连续谱图示

资料来源:罗吉斯 等,1988。

2.2　人口城镇化影响因素的研究

2.2.1　人口城镇化的相关理论

1. 二元结构理论

二元结构理论主要研究劳动力等经济要素从乡村流向城市、从农业部门流向工业部门的现象,并进行解释。代表人物有刘易斯、拉尼斯(G. Ranis)、费景汉(J. C. H. Fei)、托达罗(M. P. Todaro)等。刘易斯在其研究中提出"二元部门模式"(dual-sector model),即在发展中有两个经济部门,一个是传统的、占统治地位的、以农业为主的乡村部门,另一个是现代的、发达的、以工业为主的城市资本部门,剩余劳动力从农业部门向工业部门转移,工业部门逐渐壮大,直到将农业部门的剩余劳动力吸收完毕,农业经济便进入了新的工业化发展阶段(周叔莲,1993)。此后,拉尼斯、费景汉等在西方微观经济学的基础上对二元结构理论进行了细化的分析和发展。与刘易斯模型相比,拉尼斯和费景汉提出了实现经济发展需要工业和农业平衡发展的观点:一方面,农业生产率必须足够高,以此来增加农业剩余和释放农业劳动力;另一方面,工业部门必须足够迅速地扩大其资本存量,进一步为转移过来的劳动力提供就业机会。可见工农业平衡发展是二元结构转换的关键(Fei,1997)。托达罗用城乡预期收入差异、城市就业率和失业率等解释劳动力的转移,补充了刘易斯劳动力转移模型的部分缺陷,成为被最为广泛引用的城乡劳动力转移模型(Todaro,1969;Harris et al.,1970),见图2-2。

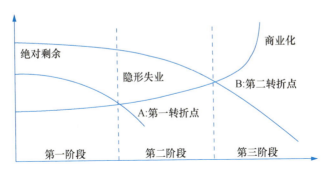

图 2-2　刘易斯—拉尼斯—费景汉劳动力转移模型
资料来源:高芸,2011。

　　二元结构理论的产生与当时社会的发展密切相关。首先,经过了18世纪的工业革命后,西方国家城镇化进程迅速推进,英国1851年城镇化率为51%,美国1920年城镇化率为51.2%,此时工业部门和农业部门的差距也开始显化,出现了农业剩余劳动力流动的现象。其次,19世纪70年代到20世纪初英国发生了第二次工业革命,电气的广泛应用提高了社会生产力,使得经济结构发生变化,工业比重超过农业,重工业超过轻工业,社会生产力的提高、经济结构的变化和社会生活方式的变化在一定程度上加剧了城乡的差距、工业和农业部门的差异。二元结构理论在这样的背景下产生,在研究国家发展问题的过程中,从经济要素流动、产业部门变化的角度,重点解释了农业剩余劳动力在农业部门和工业部门间的流动,成为解释劳动力在产业部门间转移的代表性理论。

2. 推拉理论

推拉理论是从城乡关系的角度解释人口迁移的理论,反映的是城乡之间、城市之间在争夺劳动力这种经济发展要素过程中的对立关系。英国学者莱文斯坦(E. G. Ravenstein)在《人口迁移规律》(1885 年)中分析了人口迁移的规律和原因,成为最早研究人口迁移的学者,其研究也成为推拉理论的渊源(周叔莲,1993)。此后,赫伯拉(Herberla)、米切尔(Mitchell)在其基础上进一步研究,提出了初期的推拉理论(李华,2005)。

1966 年美国宾夕法尼亚大学的学者李(E. S. Lee)在前人研究基础上进行了系统修正,在其代表作《移民人口学理论》中完善了迁移因素和迁移量等的研究,将位于迁出地和迁入地中间的障碍因素和个人因素加入解释框架,形成系统的推拉理论(Lee,1996)。李在其推拉理论中将影响人口迁移的因素分为"拉力"和"推力"两种,并指出"影响人口迁移的因素有四个方面,分别是与迁入地有关的因素、与迁出地有关的因素、各种中间障碍、个人因素"(程名望 等,2005)。迁入地和迁出地对于不同的人来说其力量形式不同,也就是说,无论迁入地或迁出地,对有的人是拉力,对有的人是推力;对于人口群体迁移特征来说,迁出地是"合力"为推力的地区,而迁入地则是"合力"为拉力的地区。具体如图 2-3 所示,其中"+"表示拉力,"-"表示推力,"○"表示该地区对某些人来说,既无拉力也无推力。

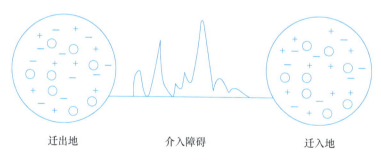

迁出地   介入障碍   迁入地

图 2-3　推拉理论模型

资料来源:周叔莲,1993。

对于迁入地而言,存在促使人口迁入的经济因素、社会因素和自然因素,这些共同构成了拉力;同样,对于迁出地而言,存在促使人口迁出的经济因素、社会因素和自然因素,这些共同构成了推力。推拉理论在解释人口迁移的原因时,是假定在人口可以自由流动的前提下,人们为了追求更好的生活而产生了迁移。由此分析,迁入地中能够使人们生活条件得到改善和提高的因素均构成了拉力,而迁出地中不利于人们生活水平提高的制约因素就构成了推力。这些拉力和推力是多方面的,包括收入和工作等经济因素、治安和社会网络等社会因素、生存环境等自然因素。

3. 新迁移理论

新迁移理论是由斯达克(O. Stark)和布隆姆(D. Bloom)于1985年提出的(Stark et al., 1985;Stark et al., 1988),与研究"农民个体的迁移行为"为主的传统迁移理论不同,新迁移理论则强调以"农民家庭"作为迁移决策的单元。农民在最终做出是否迁移的决定时,并不是其个人决策的结果,而是与其家庭成员共同商定的结果。影响其迁移的因素不仅仅是收入预期,还有周围的社会环境、已迁移亲戚朋友等,即农民通过这种"迁移关系网"降低迁移的风险和成本。于是,在1988年,斯达克又进一步研究,指出"Relative Deprivation"是影响劳动力迁移的重要因素,也就是说,人口在迁移过程中,不仅考虑到预期收入,而且考虑到相对的收入、考虑到迁移前后家庭整体的相对社会经济地位(杨文选 等,2007;虞小强,2012)。

4. 人力资本理论

人力资本的思想在经济学研究中由来已久,如亚当·斯密在研究中曾指出,人的才能也是财产的一部分(斯密,1972);李斯特在阐述其生产力理论时,也曾指出人的知识、科技发明和精神力量等都是"精神资本"(李斯特,1961);马歇尔也认为人身上的资本是最有价值的资本(马歇尔,1965)。现代人力资本理论的创始人被认为是美国经济学家西奥多·舒尔茨(T. W. Schultz)。舒尔茨在其著作《论人力资本投资》中对人力资本进行了解释,"这种人力的资本,已经成为人的一部分,可以带来未来的满足或者收入,所以将其称为资本"。可见,这种由于技术进步而富集在人身上的技能和知识的存量,就是人力资本。在舒尔茨之后,美国经济学家雅各布·明塞尔(J. Mincer)和加里·贝克尔(G. S. Becker)在其基础上进行了深入的研究,并形成了人力资本分析的理论框架。

舒尔茨的人力资本理论中有以下四个重要的论断。第一,人力资本是促进经济增长的重要力量。构建了经济增长的人力资本模型,即 $Y=F(K,L,H)$,其中 K 表示资本,L 表示简单劳动力,H 表示人力资本。舒尔茨认为由于人力资本的收益递增,促进了经济的增长。第二,人力资本是通过对人的投资而形成的。投资的方式有五种类型,分别是正规教育投资、在职培训投资、健康投资、迁移和流动投资、科研投资,其中教育投资尤为重要。第三,教育是提高人力资本、促进个人收入增加的重要原因。教育能够增加个人的知识,提高就业的技能,从而能促进个人收入水平的增加。因此通过教育的普遍提高,能够普遍提高个人的收入能力,缓解社会中收入不平衡的现象。第四,通过对农民进行人力资本的投资,可以改造传统农业。

2.2.2　人口城镇化的影响因素

改革开放以来,我国的城镇化快速推进,农村人口大量进入城市,已经成为有中国特色的城镇化的主要方式(卢向虎 等,2006)。同时,已有研究成果表明,农村富余劳动力的有效转移是解决三农问题、促进农村发展的重要途径,已经成为实现健康城镇化的重要方式,有助于中国的现代化建设(李宁 等,2003;刘彦随 等,2010)。

(1) 经济发展是促进城市人口规模扩大的首要原因。经济发展促进了现代工业的扩张和经济结构的调整,从而人口从农村的农业部门向城市的工业部门流动,即促进了城镇化(Ranis et al.,1961;Todaro,1976;Glaseser et al.,1995;Chang et al.,2006)。赵金华等(2009)认为影响城镇化水平的因素有经济发展水平、非农就业比重、对外贸易规模、教育水平。秦佳等(2013)研究认为地区间人口城镇化空间差异的影响因素是"地区之间土地城镇化水平,第二、三产业就业水平和产值水平,人均国内生产总值的差距"。我国人口城镇化率形成"东高西低"格局的原因是:自然与区位条件、区域经济发展、国家和地方政策与区划体制(陈洋 等,2007;李国平 等,2011;王伟 等,2012)。此外有不同学者研究认为影响我国城市人口规模增长的因素还有:公共产品消费(张小强,2008)、城市职能(胡兆量,2011;王茂军,2007)、城市地租和城乡收入差距(韩本毅,2010)、产业结构和就业结构(刘孝成 等,2012)、乡镇企业(陈洋 等,2007)、促进城市化的制度安排和影响城市化的制度惯性(易承志,2012)。

(2) 收入和社会网络影响劳动力转移。Brauw 等(2002)对中国农民工进城务工行为的研究发现,预期收入是促使农民工进城务工的重要因素。Beals 等(1967)对加纳劳动力迁移的研究也发现收入是影响劳动力转移的重要因素。Knight 等(1995)研究认为社会关系网络是影响劳动力迁移的重要因素,人们通过亲戚、老乡等社会关系获得迁移信息,促进了其迁移决策和迁移行为。王国刚等(2013)研究我国东部沿海地区在快速城镇化进程中,农村劳动力的转移,提出"农村劳动力转移响应强度"的概念来研究劳动力转移对城镇化进程的响应,研究结果显示:城镇化对农村劳动力转移的带动作用不断增强,同时劳动力转移的规模和比重也逐渐增大,并且具有显著的阶段性和区域差异;影响城镇化进程中农村劳动力转移响应的主要因素是非农产业发展、地区发展差异和期望收入等。

(3) 制度和技术影响劳动力转移。Majd(1992)分析伊朗的劳动力转移,认为伊朗在 20 世纪 60 年代所实施的土地改革是促进劳动力迁移的重要因素。Yang(1997)研究中国的土地产权制度与农村劳动力转移的关系,研究发现农民拥有的不完整的土地产权,增加了农民向城镇转移的成本。杨松(2011)研究认为户籍制度是影响我国劳动力自由转移的关键因素。董舟(2011)研究认为农业生产技术的进步对农村劳动力迁移有"反推力"的作用。张文(2007)研究认为市场性、体制性、政策性、素质性、管理性和技术性六大类主要因素是影响农村劳动力转移的重要因素。以江西省农村劳动力转移为例,利用多元回归模型进行分析,研究发现农民的收入水平、农村教育状况、城镇失业率、农业产值比重与城镇化率是影响江西农村劳动力转移的重要因素。在此基础上,从市场机制、产业政策、社会政策与城市规划机制四个方面提出促进劳动力转移的相关建议。

(4) 个人特征和家庭特征影响劳动力转移。Bartel(1979)采用 Logit 模型,研究了美国的劳动力流动问题,发现未婚的男性劳动力转移可能性较大,同时,有妻子和育龄子女的劳动力迁移的可能性较小。Bilsborrow 等(1987)通过研究发现社区特征、劳动力的个体特征和家庭特征是影响劳动力转移的重要因素。蒋文畅(2011)研究认为农村劳动力外出务工收入、性别、年龄、受教育程度、健康状况、地区经济发展水平是影响劳动力迁移的主要因素。胡俊波(2007)研究认为个人禀赋、就业制度、产业政策和教育制度影响农村劳动力的就业概率,从而影响到劳动力的转移。

(5) 人力资本是影响劳动力转移的重要因素。Bradley 等(1998)研究认为澳大利亚在 1981—1991 年间城市人口规模增长的正向影响因素是人力资本的初始水平。Beats 等(1967)和 Sahota(1968)的研究均认为受教育程度较高的劳动力更容易在本地获得就业,所以迁移的意愿低;而受教育程度较低的劳动力则由于更希望通过迁移而使自己或子女能够获得更好的教育以积累人力资本,所以表现出更强的迁移意愿。Davanzo(1978)研究认为受教育程度较高的劳动力相对更容易获得就业机会,更倾向于离开传统农业;而受教育程度较低的劳动力则由于能力所限,发生转移的可能性相对较低。Sumner(1981)研究发现人力资本影响了农村劳动力非农就业的工作选择。Zhao(1999)通过研究发现人力资本影响了农民非农就业的决策。Brauw 等(2002)研究了中国河北等六省农民的非农就业模式,发现人力资本是关键性因素。周其仁(1997)研究指出人力资本对于劳动力非农就业的促进表现在有助于劳动力抓住非农就业机会。马华泉(2010)研究认为教育投资能促进劳动力转移。徐呈柯(2011)研究认为人力资本投资是影响农村剩余劳动力转移的主要因素,并认为通过加大农村人力资本投资力度(如增加医疗卫生投入、完善社保制度)等能有效促进农村劳动力转移。熊捷(2011)研究认为高素质的劳动力人力资本对低素质的劳动力人力资本产生挤出效应,进一步说明了人力资本对劳动力转移过程中的就业行为有重要影响。

2.2.3　河南省人口城镇化的影响因素

姚静等(2008b)以河南省为例研究了欠发达农区的外出务工情况,研究发现,河南农民外出务工规模的影响因素主要是经济因素、家庭因素和环境因素,外出务工具有人力资本投资性质。高更和等(2008)研究通过研究河南农民的打工距离,指出影响中部农区农民打工距离选择的主要因素是年龄、家庭类型、家庭代数、上学人数和关系网络,并提出农民在打工距离选择中存在明显的打工簇现象。史自力等(2013)以中原经济区为样本,从宏观和微观两个维度研究了区域农村劳动力转移的动力机制,在研究中详细分析制度和政策因素、经济因素、劳动力因素、市场性因素、管理性因素、技术因素对农村劳动力转移的影响,进而构建了中原经济区农村劳动力转移的模式,并提出了相关政策建议。

2.3　土地城镇化影响因素的研究

2.3.1　国际研究

土地城镇化就是城市空间扩展的过程。Gottman在1961年指出"大城市边缘不断扩张,在其边缘总有一个带状区域处于从乡村向城市的转化过程中",研究中关注的现象是土地形态的变化,是城市的空间扩张不断占用周边其他类型的土地(Gottman,1961)。Gottman最早提出了"城市蔓延"(urban sprawl)的概念,此后诸多学者致力于城市蔓延的研究,逐步丰富和完善了这一概念(Gillham,2002;Weir,2005;Bruegmann,2005)。

多数实证研究结果显示西方城市增长的决定性影响因子是人口和收入,此外农业租金和交通也是城市增长的影响因素。城市人口规模的增加和居民收入水平的提高使城市用地规模扩大(Fansler,1983;Alig and Healy,1987;Daniel,2005;Zhang,2001;Camagni et al.,2002),且中心城市人口规模和居民收入对城市用地规模的影响大于城市边远地区(Alig and Healy,1987)。对发达的美国大都市区城市用地规模的扩张,农业用地的租金水平有显著的负向影响(Fansler,1983;Daniel,2005),而对于广大的美国东南部地区来看,农业用地租金水平的影响并不显著(Alig and Healy,1987)。

2.3.2　国内研究

国内诸多学者从国家层面、区域和城市层面研究城市建设用地增长及其驱动机制,研究成果丰富。

（1）从国家层面看，城市建设用地增长的主要影响因素是人口、经济增长和基础设施完善，此外制度因素也有重要影响。周一星（1982）研究城市增长与经济发展的关系，发现多数国家的这两项指标呈对数曲线关系，进而从数量关系上证明经济发展水平是城市增长的根本动力。陆大道等（2007）研究发现我国改革开放以来三次大规模城镇化过程中，城镇建设用地也大规模扩张，且土地城镇化速度远大于人口城镇化速度，并从我国国情、土地管理制度、干部考核机制、分税下的地方财政及城市规划等方面分析造成这种"空间失序"的原因。林坚（2009）研究全国城乡建设用地扩张的驱动机制，研究结果表明经济、交通和人口三个因素共同对城乡建设用地的规模增长产生作用。陈春（2009）采用面板数据计量模型分析全国城市建设用地面积增长的驱动力，研究结果表明全国层面建设用地变化的三个核心驱动力是人口、国内生产总值（GDP）和公路营运里程。谈明洪等（2004）采用相关分析和逐步回归的方法研究地级以上的145个大中城市的建设用地扩张及其影响因素，研究结果表明经济增长对城市建设用地扩张的推动作用主要是通过第三产业的增长来实现的，其中市区职工工资总收入的增长是影响中国城市建设用地扩张的最显著因素。柯善咨等（2008）采用回归分析的方法研究208个地级以上城市用地规模增加的决定因素，研究结果显示城市人口是影响城市用地规模增加的主导因素，此外城市暂住人口、收入水平、市内交通条件和农业地价均影响城市规模的扩大。

（2）从区域和城市层面看，影响各地区建设用地增长的主要因素是GDP和城市人口（何流 等，2000；张金前 等，2006；唐礼智，2007；王海鸿 等，2008），同时，政策、城市环境、基础设施建设、外资投资等因素对城市建设用地增长也有重要影响。何流和崔功豪（2000）研究发现南京城市空间扩张的主要影响因素是经济因素（GDP和产业结构）、政策因素（土地制度和房改制度）和规划引导。王丽萍等（2005）研究发现江苏省地级市城市扩张的主要驱动力是社会经济发展，并根据驱动力类型不同而将江苏省城市用地扩张分为工业化驱动型、就业驱动型和投资驱动型。唐礼智（2007）研究发现长三角和珠三角城市用地扩张的主要驱动力有城市非农业人口、GDP、绿化覆盖面积、地方财政预算内基本建设支出。张金前等（2006）研究发现福建省城市用地扩张的根本驱动因子是经济增长，人们对城市居住环境要求的提高也是城市用地扩张的重要因素。王兆礼等（2006）的研究结果表明深圳城市建设用地扩张的主要驱动因子是外资利用额、基础设施投资等。

2.4　城镇化战略和路径的研究

按照推动城镇化的主要力量,我国的城镇化主要有自上而下和自下而上两种类型。自上而下的城镇化主要是指由国家和中央指导城镇化的力量,来自政府对城镇化发展的总体战略布局和社会发展规划,由各级政府筹集资金,投资非农产业和进行城市建设,从而按照政府的计划推动城镇化进程;自下而上的城镇化主要指的是由基层发起的力量,来自基层社区、农民个人和家庭、乡镇企业,由基层的集体和个人自发地筹集资金,发展非农产业,进而推动当地的城镇化(冯健,2012;辜胜阻 等,1998)。改革开放之前,在传统的计划经济体制下,我国的城镇化主要是自上而下的城镇化。如资源城市攀枝花、大庆等,都是典型的自上而下的城镇化(顾朝林 等,1999),可见,在新中国成立之初,自上而下的形式有效地促进了经济发展和城镇化。改革开放之后,在市场经济的推动下,自下而上的城镇化开始出现,如苏南模式,这种模式出现的等级多在基层的乡镇(崔功豪等,1999),并一度成为促进我国城镇化快速发展的主要模式。有研究指出我国的城镇化是自上而下和自下而上相结合的双重城镇化发展模式,是政府推动和市场拉动共同作用的城镇化模式(辜胜阻 等,2009)。这两种城镇化模式各有利弊,在现阶段的城镇化发展中,两者相互联系和补充,共同推动了我国的城镇化进程。

按照城镇等级体系中不同等级城镇的发展地位,从国家层面先后出台过城市发展的大城市战略、中等城市战略、小城镇战略等。最初关于大、中、小城镇化战略讨论的立论是"发展小城镇",是由费孝通先生于1984年首先提出的。这种小城镇战略的观点是:小城镇的乡镇企业能够吸纳农村的剩余劳动力,农民进入小城镇的城镇化成本相对较低,小城镇是连接城和乡的重要节点(赵新平、周一星,2002)。小城镇战略在一定时期符合了国家发展的实际需求,促进了城镇化和社会经济发展,如苏南模式和温州模式。国家在相当长一段时期内是从政策上支持这种小城镇战略的。与之相反,大城市战略的拥护者则认为,由于城市的规模效益,大城市的集聚是必然的过程(胡兆量 等,1985),我国应当走大城市优先发展的城市化道路。随后有学者提出"多元论"的城镇化方针。国家对于城镇化方针的态度,起初是"控制大城市规模,合理发展中等城市,积极发展小城镇",后来逐渐转向"大中小城市和小城镇协调发展的多样化道路"(周一星,2010)。

我国的城镇化实践中有三种成功的模式,分别是苏南模式、温州模式和珠三角模式。苏南模式是费孝通先生在"小城镇再探索"一文中首先提出的,指的是江苏南部的苏州、无锡和常州等地出现的自下而上的一种城镇化模式(费孝通,

1985)。农民们"离土不离乡",就地完成由农业部门向非农业部门的劳动力转移,在这其中乡镇企业起到了巨大作用,而小城镇则成为其城镇化的重要空间依托(冯健,2012)。温州模式是在浙江温州地区出现的一种自下而上的城镇化模式。农民们通过发展个体经济的手工业和商业,完善当地的专业化市场,形成了全国范围的专业化产业集群,促进了当地的城镇化,也推动了当地人的异地城镇化。珠三角模式是指发生于珠三角城市群地区的一种外联型的城镇化发展模式(冯健,2012),是在外资推动下的、以小城镇和小城市为主要空间载体的城镇化。

1989 年加拿大著名学者麦基(T. G. McGee)提出了发展中国家区域经济发展的"desakota 模式",即城乡一体化发展模式,并详细阐述了这种发展模式,挑战了西方传统的城镇化理论。麦基在研究印度尼西亚爪哇地区的城镇化过程中,发现在城乡之间出现了农业和非农业活动并存且融合的地区,同样能够带来区域的发展,并将这类特殊的地域空间命名为"desakota"(印度尼西亚语中 desa 指乡村,kota 指城镇)。麦基认为"城市与乡村界限日益模糊,农业活动与非农业活动紧密联系,城市用地与乡村用地相互混杂的"空间形态代表了一种特殊的城市化类型,亚洲很多地区都发现了相同的现象(Firman,1997)。麦基的城乡一体化理论在城乡关系研究的历程中有重要地位。第一,该理论研究的地域范围是城市与乡村中间的过渡地带;第二,该理论研究的着眼点在于城乡之间的联系。因此道格拉斯认为麦基的城乡一体化理论是一种"关于城乡转变的新理论"(Douglass,1998)。曾菊新(2001)根据各国 desakota 区域的区位条件和成长动因总结出三种城乡一体化发展模式类型,分别位于邻近大都市的农村地区、沿铁路和高速公路干线、邻近区域性城市增长中心(表 2-1)。

表 2-1 McGee 的城乡一体化发展模式类型

项 目	类 别	区 位	成长动因	范 例
基本类型	I	邻近大都市的农村地区	城市化过程为主	日本和韩国等
	II	沿铁路和高速公路干线	多个大城市彼此扩散	中国的长三角和珠三角城市群、泰国的曼谷大都市区
	III	邻近区域性城市增长中心	人口长期高速增长	中国的四川盆地、印度南部的喀拉拉邦
总体特征	1. 农业生产条件好、生产水平高;2. 非农业增长迅速;3. 人口密度大;4. 邻近大城市和主要交通干线;5. 城乡交易环境良好;6. 土地利用多元化;7. 外资不断进入;8. 妇女在非农业中的就业率较高;9. 制度建设和行政管理相当复杂			

资料来源:曾菊新,2001。

2.5　乡村转型发展的研究

乡村转型发展是解决我国三农问题的关键方法和重要手段。概括来说,我国学者普遍认为乡村转型发展是农村的生产生活方式向城市的生产生活方式转变,及由此带来的社会、经济及空间的变化(蔡运龙,2001;刘彦随,2007)。实际上,我国乡村转型发展的概念同国际上"乡村重构"(rural restructuring)的概念相近,Woods(2005)认为:"在快速工业化和城镇化进程中,由于农业经济地位的下降和农村经济的调整、农村服务部门的兴起和地方服务的合理化、城乡人口流动和社会发展要素重组等不同因素的交互影响下,农村地区社会经济结构的重新塑造,即乡村重构。这是地方内外影响因素相互作用于变化,以及当地参与者对这些作用变化做出响应和调整的结果。"刘玉和刘彦随(2012)对国内外乡村地域多功能的研究进行综述,并指出对乡村地域多功能空间格局、土地利用和统筹发展的研究有重要意义。孔祥云等(2013)研究归纳了我国农村城镇化的四种模式,认为因地制宜、顺应民意地选取城镇化模式是进行城镇化建设的重要前提。

国内关于乡村转型发展的研究主要集中于农村经济和产业结构调整、农村社会及组织、农村土地利用变化等角度,热点研究问题有空心村整治、新农村建设、城乡统筹发展等。早在20世纪30年代费孝通就开展了典型村庄产业结构的调查研究。此后,周立三、吴传钧、陆大道、刘彦随、李晓健等地理学家从乡村地理学、农业地理的视角研究农村土地利用的变化,主要关注耕地变化,通过3S技术研究耕地变化、农村土地利用结构变化。林毅夫、蔡昉、黄季焜等学者从制度经济学、产业经济、贸易经济学等视角研究农村劳动力、政策、资本、产权的问题。段庆林、韩明谟、陆学艺等社会学家从乡村社会学视角研究农民阶层化、农村社会组织、农村社会保证、农村贫困等问题。国外对于乡村重构的研究集中于分析其影响因素、土地利用与乡村景观以及全球化对乡村可持续发展的影响。如Jenkins(1999)研究发现政府住房政策的资本补贴也极大地推动了农村社区的发展。概括来说,国内地理学视角的乡村转型发展研究,主要从相对较大的尺度开展研究,而对于主体行为的研究以及对其影响机制的研究相对较少,而这些方面的研究国外成果相对丰富。

土地产权制度是农村土地制度的核心和基础。我国现行的农村土地产权制度是20世纪70年代末、80年代初在农村经济体制改革过程中基本确立起来的,主要形式为家庭联产承包经营,其特点是将集体土地的所有权和使用权分离,所有权归集体,使用权归农民,以农民家庭为生产经营单位,主要包括土地所有权、土地承包权、土地经营权、土地收益权和一定的土地处分权（如土地转包、租赁等流转行为）。

2.6　粮食主产区经济发展的研究

对粮食问题的关注由来已久，但粮食问题引起人们广泛关注是在马尔萨斯的人口论提出之后，人们发现"粮食"已经成为影响人类生存的重要问题。由此发展来的环境悲观论者认为，人口快速增长必然导致严重的粮食危机，导致环境污染和资源短缺，使人类的生存环境全面恶化，最终面临"世界末日"。人口快速增加和城市人口的快速集聚，增加了对粮食的绝对需求。1972—1974 年，在世界范围内爆发了粮食危机，于是联合国粮食及农业组织（简称联合国粮农组织，FAO）提出了粮食安全的概念，即"保证任何人在任何时候都能够得到为了生存和健康所需要的足够食品"。从此粮食安全问题成为国际社会科学研究和政策研究的热点问题。

国外研究中与我国的粮食主产区概念相近的是粮食生产带，多数关于粮食主产区的研究集中在粮食生产和粮食安全的问题上，对粮食主产区的城镇化问题研究不多。姚静等（2008a）研究指出，国外对我国农区发展的研究集中于以下五个方面：农民外出务工的背景和决策因素、乡镇企业发展和农业生产的矛盾、环境变化问题、农民家庭收入与需求、对传统农业区位论的反思。本书从以下两个方面总结相关的研究。

（1）以粮食生产为根本的人口承载力研究。1977 年，联合国粮农组织与联合国人口活动基金会和国际应用系统分析研究所研究评定了全球 117 个发展中国家（不包括中国）的土地资源人口承载潜力，研究采用农业生态区域法（AEZ），通过综合气候生产潜力和土壤生产潜力来确定农业生产的实际潜力，结合人对粮食及各种农产品的需求，得出优化的农业结构和产出水平，进而得出土地能够承载的人口数量（张红，2007）。

（2）关于农民行为的研究。Heltberg（1998）通过对巴基斯坦的农民生产效率的影响因素的研究，发现农场规模对其有显著影响。可见，农民的生产经营状况对农民的农业生产行为有重要影响。Barrera 等（2005）在研究中发现农民的受教育程度越高，越愿意采纳新的技术。可见，农民个体特征和人力资本水平对其行为产生重要影响。同样，Mendola（2007）通过研究发现农民的收入水平以及农业生产的决策在相当大的程度上受到了现行制度和政策的制约。可见，政策和制度也是影响农民行为的重要因素之一。

国内研究中对粮食主产区的研究主要从 20 世纪 90 年代开始，同样主要集中于粮食生产和粮食安全问题的研究,关于粮食主产区的城镇化问题研究不多。本书从以下几个方面总结相关的研究。

(1)以粮食生产为根本的人口承载力研究。1986—1990 年,由中科院自然资源综合考察委员会主持并完成的《中国土地资源生产能力及人口承载力研究》是我国最早进行的有关土地资源人口承载力的研究。该研究采用 AEZ 方法,从土地、粮食与人口相互关系的角度出发,综合考虑经济、技术和社会发展水平以及与之相适应的物质生活水准,对区域内土地粮食生产能力进行测算,进而得到不同时间尺度下土地能够承载的人口规模。现阶段粮食安全已成为国家战略安全的重要问题,因此以粮食生产能力为主的土地资源人口承载力研究有重要意义,现有诸多研究基于粮食安全的视角,采用土地资源承载指数、土地生产潜力估算、粮食生产波动及波动指数、构建土地承载力模型等指标和方法研究土地资源的人口承载力(熊利亚 等,2004;刘东 等,2011;谢平 等,2012)。

(2)粮食主产区的经济发展情况。多数学者对粮食主产区发展的困境进行了分析,分别从经济结构及其调整和优化、粮食安全、农业生产的比较收益、农业技术推广等角度进行研究,并提出相应的促进粮食主产区经济发展的对策和建议(吴桂淑 等,1995;孙艳霜 等,1999;谢曙光,2004;李广厚,2007;徐冰,2009)。鲁莎莎等(2011)研究发现,1990 年之后粮食主产区的经济发展进入一个相对低谷期。刘彦随等(2009)研究我国粮食生产的空间变化,发现我国粮食生产的重心呈现出北进中移的空间趋势。张卫华(2007)研究了河南省作为粮食主产区之一,其经济社会发展现状和困境,分析了影响河南省经济发展的影响因素,并以此探讨了粮食主产区的工业化和城市化的路径选择。

(3)粮食主产区农民的农业生产行为。不同学者从不同的角度对农民的农业生产行为进行了研究,总体上看,农民是在比较满意的预期收益下继续从事农业生产。郑丽等(2007)研究认为粮食主产区农民的种粮行为是在农民自身决策环境下,在对预期收益和风险的综合衡量基础上追求投入回报最大化的过程。乔旭华等(2008)通过分析河南农民的种粮行为,发现农民从事粮作经营的主要动机是满足自家需要和增加现金收入。

2.7　研究评述

城镇化路径的研究一直是学术界讨论的焦点,也是国家制定城镇化发展方针的重要依据。我国城镇化发展中面临着诸多困境,传统的"重物轻人、高代价、粗放型"的城镇化发展的模式面临重大挑战,而"以人为本、城乡一体、绿色低碳"

的集约型城镇化发展道路正成为时代迫切需要的新的发展模式①。本书在上述对现有文献研究的基础上,试从以下三方面进行评述。

1. 城镇化路径研究的农民意愿视角

长期以来,对于城镇化路径的研究和讨论多是从区域和城镇的角度出发,是"城市偏向"的城镇化路径研究,往往是"就政府论规划、就政策论实施、就城市论乡村"。从农村视角出发、从农民意愿的视角出发对城镇化路径的研究较少。

传统的城镇化研究,主要从城镇的容纳能力和环境建设入手,从建成区扩张中的农民被动城镇化入手,当前的政策也集中于城市如何创造条件接纳农民。大部分的研究者、政策制定者都居住、工作在城市,"城市中心论"形成思维定式,对农民在城镇化过程中的真实意愿缺乏深入的关注。新时期的发展问题,是从农村视角出发,以往重城市轻农村、从城市看农村的传统思维方式必须尽快转变,要从农村来看城市、从农民来看城镇化。对于农村问题,许多人是从政府的角度、从学者的角度考察和分析,这些角度是自上而下、从外向内、从城市到乡村的,许多问题都并非农民自身的问题。在"以人为本"的城镇化战略下,作为城镇化主力军的农民,其城镇化的意愿应该得到充分的重视。因此,从农民意愿出发的城镇化路径研究有助于实现农民在城镇化过程中实际主体地位的转变,有助于农民自身实现切实的"人的城镇化",有重要的现实意义。

2. 城镇化进程中的"人—地"综合研究

以人为本的城镇化是以促进人的全面城镇化为目标,在我国城镇化进程中,人多地少、人地矛盾突出,作为城镇化进程中最重要的支撑资源的土地,其合理有效的利用成为重要议题。因此,从协调人口和土地要素的综合视角研究城镇化路径问题十分重要。

现有城镇化的研究中,对城镇化问题的研究视角集中在空间视角、经济视角、生态视角和社会视角,重要的研究议题包括:以城市建设用地扩张为主要特征的土地城镇化、以城市人口增长为主要特征的人口城镇化、以农民工市民化为主要内容的社会城镇化、以非农产业发展为核心的经济城镇化。与此同时,从城镇化进程中最重要的人口和土地要素出发的、综合"人—地"两大系统的城镇化路径研究则相对薄弱,有待加强。

现有实证研究中对"人—地"系统的研究从多种视角开展,研究成果丰富。第一,宏观视角,即宏观"人"和宏观"地",是传统的人地关系研究,主要研究人类经济活动与自然资源环境的相互作用和影响。第二,宏观和微观结合的视角,即宏观"人"和微观"地"、微观"人"和宏观"地",如人文因素对土地利用的影响研

---

① 国家发展和改革委员会宏观经济研究院课题组,2013.

究,资源承载力和环境承载力研究。第三,微观视角,即微观"人"和微观"地",如土地资源人口承载力的研究、人口与土地协调城镇化研究。

现阶段我国的城镇化正处于高速发展阶段,人口城镇化和土地城镇化作为支撑城镇化的两大重要力量,其不协调现象却日渐突出,这不仅表现在两者进程的不协调,更重要的是两者在空间上的不协调。人多地少的基本国情决定了城镇化过程中人地矛盾的突出,而这种矛盾集中表现在人口空间流动频繁、土地资源紧缺。协调人口城镇化和土地城镇化的进程将有利于实现高质量的城镇化,有利于在保护耕地的同时促进经济的高效发展,为社会经济转型发展提供良好的环境。因此,本书认为在中国现阶段高速城镇化背景下,城镇化路径研究的重点是协调人口要素空间流动与土地要素空间配置的发展路径。

3. 粮食主产区城镇化的特殊性

我国地域广阔,区域差异明显,不同地区城镇化发展的自然资源禀赋、经济发展水平、社会环境背景均不相同。因此,有必要针对不同区域的自身发展情况,研究适合其发展的城镇化路径,同样,国家在城镇化发展方针的制定上,也应兼顾区域的差异性,进而制定差别化的城镇化发展方针。

现有对城镇化路径问题的研究多是从国家宏观层面进行的研究,也有研究以行政区划范围为主,研究不同省份的城镇化路径,而从区域层面进行某一特定区域的城镇化路径研究的文献相对较少。从区域层面进行城镇化路径的研究主要集中在东部地区、西北地区等,仍是以地域邻近为主要特征的区域,而对有共同的"粮食安全、耕地保护"重任的粮食主产区的城镇化路径的研究仍有待加强。

粮食主产区是我国经济发展中最为特殊的一类地区。首先,粮食主产区的划分不是以地域邻近为主要依据,而是以主要农产品的产量为主要划分依据,将河南等13个省级单位划分为粮食主产区。其次,粮食主产区在国家粮食安全战略中起到关键性的重要作用,以耕地保护和粮食生产为己任,为市场提供商品粮的供应。因此,这些区域承担了全国人民的粮食供给的重任,对保障国家粮食安全、促进经济发展非常重要。最后,粮食主产区在发展中普遍面临着发展的困境,人地矛盾尤为突出:一方面,粮食主产区要促进农业生产,积极发展第一产业,以保证国家的粮食安全;另一方面,粮食主产区也面临着发展问题,要发展第二、三产业,促进城镇化。因此,有学者提出,为了在保证国家粮食安全的同时又能保障发展,"亟须从国家战略高度制定专门的粮食主产区政策"(魏后凯 等,2012),以实现粮食保障和经济发展两不误。

正是在这样的研究背景下,本书认为对肩负着"保粮食、保发展"双保重任的粮食主产区城镇化路径问题研究有重要的理论和现实意义。

第三章

研究框架

3.1 研究切入点

基于城镇化和人口迁移的有关研究,本书从农民意愿的视角出发,着重分析人口和土地要素,从居住、就业、土地三个维度研究城镇化路径,结合案例地区情况,以就近城镇化为主要研究范畴,并采用人力资本理论解释农民城镇化的机制,见图 3-1。

图 3-1　理论框架

从以下五个方面切入粮食主产区的城镇化研究:农民意愿,人口和土地关系,居住、就业、土地三个维度,就近城镇化,人力资本。

3.1.1 以农民意愿为出发点

农村城镇化进程中,土地规划、征用、建设都有明确的程序,这些程序看起来很有步骤、很详细,其实忽略了最重要的角色——农民的参与。农村城镇化关系到农民切身利益,而农民很少有表达意见的渠道,本来应该是城镇化主角的农民却成了局外人。许多乡镇政府在履行职能时,更多的是注重管理和控制,长期把农民当作管理对象来看待,农民因而养成了依赖和漠不关心的习惯。同时,农民由于是一家一户分散的生产、生活方式,缺少组织化的机构,不能向外界表达其一致性的诉求。城镇化与农民的生产、生活方式的变革密切相关,在这一重大的变革中,农民的诉求、意见往往被忽视或者没有有效的渠道正确表达。

古希腊哲学家亚里士多德曾经说过:"人们来到城市,是为了生活;人们居住在城市,是为了生活得更好。"从城市政府的角度,是用产业与经济发展带动城镇化。但是从农民角度,是用就业或者市政服务来实现城镇化。农村社会相对城市而言有其自然独特性,从城市的视角去看农村会"水土不服"。费孝通先生说,农村中蕴含着中国社会经济变迁的基因,只有深入了解农民意愿,把握农民迁移特征,才能了解我国的新型城镇化。2013 年中央城镇化工作会议也强调"推进农业转移人口市民化要坚持自愿、分类、有序,充分尊重农民意愿,因地制宜制定具体办法,优先解决存量,有序引导增量"。推进农民市民化,要坚持自愿,自愿就是要充分尊重农民意愿,让他们自己选择,不能不顾条件拆除农房,强迫农民进城,让农民工被落户、被上楼。城镇化是产业、就业转换过程,是农民自己走出来的,不是计划出来的。城镇化进程中农民的意愿是内在动力,从农民意愿的社会调查出发来开展研究。农民是城镇化的主体,正是农民出于改善生活质量等目的向城镇转移,构成了城镇化的历史蓝图。城镇化的问题,工作重点在城市,但应立足农村,立足三农问题。

城镇化与三农问题密切相关,要准确认识"三农",需要下大力气深入实际进行田野调查。三农问题最突出的在中部地区,中部地区又以粮食主产区为甚。本书正是基于此,选择以新乡市为例研究粮食主产区的城镇化问题。

3.1.2 以人口和土地为分析要素

生产力水平的进步是城镇化的根本原因,推动了劳动力、人口由农业生产部门向非农生产部门的流动,推动了主导产业类型由农业生产部门向非农生产部门的转变,即促进了人口城镇化和经济城镇化。其中人口城镇化是城镇化的最初原动力。人口集聚、产业发展带来了社会的全面进步,随之而来的是生活方式的转变,也就是社会城镇化的过程。人口城镇化过程中,集聚的人口需要生存空间;经济城镇化过程中,新型的工业产业需要发展空间;社会城镇化过程中,城市生活方式需要更多服务的空间。这些均需要通过土地而落实在具体的空间上,因此,土地城镇化是城镇化的重要支撑力。

地理学是研究"人—地"关系的科学,而人地关系内涵丰富,吴传钧先生曾指出"'人—地'关系的研究内容和方向是多方面的,但在特定的时间条件下,这一研究的方向和重点应是明确的"(刘盛佳,1998)。在人类社会发展的不同阶段,人地关系中的主要矛盾也不尽相同,故"人—地"关系的研究重点也随时代而变化。总体上说,可从微观和宏观两个层面理解"人—地"关系。

(1)宏观层面:人—自然。"人"包括人类活动(包括经济活动和社会活动),人类社会经济发展;"地"包括水、土地、矿产、能源等各种资源,水体、空气、土壤等各种环境体,森林、草原、海洋等各种生态系统。

(2)微观层面:人口—土地。"人"包括人口数量、人口迁移、人口结构、人的发展;"地"包括土地利用结构、建设用地数量、耕地数量、土地利用效率、土地利用空间差异。

由以上分析可知,人口和土地两个要素不仅是城镇化进程中的重要因素,也是城镇化过程中人地关系研究的重点所在。因此,本书从农民个体行为角度出发,分别从人口和土地两个要素着手分析城镇化路径问题(图 3-2)。在人口要素中,主要包括居住和就业,也就是说,在农民从乡村到城市的城镇化过程中,居住的变化、就业的变化。在土地要素中,主要包括宅基地和农地,即农民从乡村到城市的城镇化过程中,宅基地的流转、农地的流转。

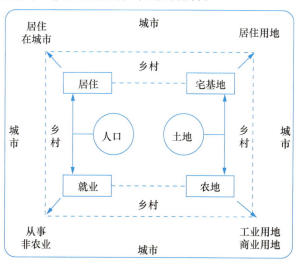

图 3-2　城镇化进程中的人口和土地要素

3.1.3 以居住、就业、土地为路径维度

从一个农民的视角出发,本书认为他的城镇化路径应包括农民转移前后居住地、资产、就业的变化过程。具体来说,是一个农民如何脱离原有土地、走向城市,寻找与其本身素质相适应的职业,并逐步比较稳定地在城市居住并生活的过程。进而实现就业转移、人口集聚、土地流转的统一,这是一个人地协调的城镇化。如图 3-3 所示,当农民的居住、就业和土地三者均在农村空间时(即状态A),该农民是完全未城镇化的原始状态,当其居住、就业和土地三者均在城市空间时(即状态 B),该农民则是完成了城镇化的最终状态,农民由状态 A 向状态 B 的转变过程即为城镇化路径。而在此过程中,居住、就业和土地三要素如何变动,则成为城镇化路径研究中着重要解决的问题。

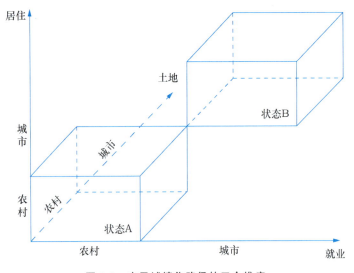

图 3-3 农民城镇化路径的三个维度

(1)调整居住地。居住地点的调整,涉及城镇的等级。可能到小城镇,县城,地级市,省会,省外城市,北京、上海、广州(简称"北上广"),等等。由于居民能力和偏好差异,选择居住的城镇等级有差异化特征。

(2)调整职业类型。人员的流动是与经济发展状况密切相关的,从根本上讲,是就业机会带动了人口的流动。人的城镇化,首先是就业的城镇化。没有稳定的第二、三产业就业,就不能实现稳定可持续的城镇化。城镇化的核心是就业问题。正常情况下,是工业化带动城市化。产业如果跟不上,就会出现南美洲地区的"贫民窟"、庞大的"失业大军"这样的情况。

（3）土地处理。农民收入的提高，取决于农业效益的提高，更取决于农村人口的大量减少。相比于英国工业化时期破产农民的城镇化，我国是富余劳动力的城镇化，土地给了农民基本保障，具体讲是宅基地能解决其居住问题，农地能解决其"衣食用"问题。随着农民逐步进入城市，对于进城农民两处占地一事，处理存在矛盾困境。一方面是这部分耕地为进城农民提供了保障和缓冲，使农民在城市和乡村进退有余；但另一方面导致空心村和农村建设用地不集约。新型城镇化规划已经明确探索耕地和宅基地流转机制的研究、土地换保障等。但是农民对土地的处置意愿如何，还需要研究。

当然，市民化进程中还有提高进城农民自身素质、提高社会保障、为其子女创造良好的教育和生活条件等一系列重要问题，但这些不在本书的研究范围中。

3.1.4 以就近城镇化为主要范畴

综合已有研究，本书基于城镇化迁移地点，将城镇化区分为就地城镇化、就近城镇化、异地城镇化三个类别：

（1）异地城镇化。指离开原来的地级市，到市外打工，与我国的农民工问题密切相关。从2013年农民工调查的情况看，农民工省内迁移逐步超过了省外迁移，表明随着我国各区域经济发展水平的相应提升，不少农民工返乡就业，或新的农民工已经能够就近找到工作机会。

（2）就近城镇化。是指市域内的农民迁移到所在市范围内。从第六次全国人口普查的人口迁移统计看，中部地区以市内迁移为主，省内迁移为次，而东部地区以远程流动为主导。即案例地区从宏观上以市内迁移为主。

（3）就地城镇化。包括两种类型。一是城市周边的集镇、村庄在中心城市的发展过程中成为中心城市的组成部分，土地成为城市建设用地，农民转变为市民。也可能是由于行政区划变更，一整片区域从县变市、从乡变镇，这与城中村等问题密切相关。二是随着农村非农产业的发展，以集镇为主体的地区自主发展成为新的城镇，并被通过"县变市""乡变镇"等方式被政府认可，但是这项工作民政部在行政上已经停止多年，根据中央全面深化改革的要求，有望进一步启动相关工作。

本书主要研究的粮食主产区农民的城镇化以就近城镇化为主。就近就地城镇化（地级市内部）相较于异地城镇化（跨地级市），需要农民付出的成本更低，思想意识调整更少。从全国来看，大城市迁入人口比重较高，主要是异地城镇化、就地城镇化（包括行政区划变革）；中小城市迁入较低，主要是就近城镇化。

本书以河南省新乡市这一地级市的农民调查为基础，重点研究粮食主产区农民的就近城镇化问题，同时在研究案例中，大量涉及新农村社区这一居住状态。农业性质决定农村长期存在居住分散现象,随着农村的发展,农村人口和村庄数量在逐步减少,出现了很多空心村、山区村、萎缩村,对这些旧村进行基础设施的改造配套很难,所以开始适当的新农村建设是必要的。新农村建设通过相对较低的门槛投入,大幅度改善了村民的居住条件。由于在形态上与城市有所类似,有人据此认为新农村社区是一种城镇化现象,是城镇建设模式在村庄的重复。本书不同意这个观点。新农村社区仍然是农村的一种,是农民在城镇化进程中的一种过渡状态。一是从环境风貌上,新农村建设是在继续保留传统的农村景观和风貌的基础上,健全公共服务设施,改善居住环境,即便没有新农村建设,农民每隔几年也会翻修新房。二是从就业上,仍然以传统农业为主。三是从法律上,新农村用地仍然为集体建设用地,属于宅基地范畴。但是从城乡统筹的角度,城镇化和新农村建设应结合起来研究,本书也将新农村社区作为一个重要研究对象。

3.1.5 以人力资本理论剖析现象

舒尔茨的人力资本理论最主要的贡献是:解释了人力资本对经济增长的促进作用。在传统的经济增长的模型中,主要的三要素是"劳动力、资本和土地",其中"劳动力"指的是简单的劳动力。舒尔茨的人力资本理论指出富集于人身上的知识和技能构成了人力资本,而这种高级的人力资本才是促进经济增长的重要原因。在舒尔茨人力资本理论的基础上,本书从农民个体行为视角出发,构建了促进农民城镇化的理论模型:

$$U = F(H, E, L)$$

式中,U 表示农民初步实现城镇化,H 表示农民的人力资本,E 表示农民的经济水平(能够代表农民的物质资本),L 表示农民所拥有的土地资产。农民的人力资本越高,表示越具备从事非农产业的能力,越容易谋得非农就业的机会,进而能够促进其城镇化。农民的经济水平越高,说明农民越富裕,越有足够的能力承担城镇化的成本,越倾向于城镇化。农民所拥有的土地资产越多,由于路径依赖,农民可能更倾向于继续从事与土地相关的生产活动,即越倾向于继续从事农业生产或继续留在农村居住,因此城镇化的倾向性越低。

农民的人力资本主要包括知识和技能、眼界和见识。舒尔茨的人力资本理论中认为人力资本主要包括富集于人身上的知识和技能,贝克尔等后续学者通过研究,补充和完善了这一认识,认为人力资本包括人的知识和技能、能力、健康、道德品质、管理才干等。本书从农民个体行为的视角出发认为:农民在城镇化过程中,其人力资本集中体现在知识和技能、眼界和见识两个方面。

农民初步实现城镇化的标志是退出宅基地。从城市的角度看,农民从农村走向城市居住,从农业部门走向非农部门就完成了城镇化;进一步从实践来看,农民进城后取得城市户口,即完成了初步的城镇化。而后续的在城市有稳定就业、有住房保障、有医疗和养老保障等社会保障问题,是市民化的研究范畴。与此相对应,从农村视角看,农民一旦取得城市户口就不再是村集体成员,也就意味着宅基地和农地的退出;与此同时,基于农民是理性的基本前提,只有当农民在城市稳定居住、稳定就业后,才选择退出其宅基地和农地。综上所述,研究认为农民退出宅基地标志着农民初步实现了城镇化。人力资本和城镇化见图3-4。

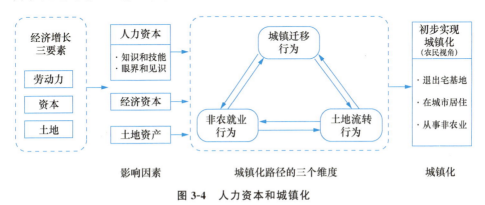

图 3-4 人力资本和城镇化

3.2　案　例　地　区

新乡市,地处河南省北部,南临黄河,紧邻省会郑州,辖四区两市(卫辉市、辉县市)六县(新乡县、获嘉县、原阳县、延津县、封丘县、长垣县),两个国家级开发区(新乡高新技术产业开发区和新乡经济技术开发区),以及一个全省城乡一体化示范区(平原城乡一体化示范区)。2013年全市实现地区生产总值1766亿元,同比增长9.5%,经济运行质量明显提升。2013年,全市居民消费价格总水平上涨2.8%。新乡市和省内其他城市相比,制造业基础较好。

3.2.1　新乡市的粮食生产

1. 新乡市是河南省重要的粮食产地

新乡市一直是河南省重要的粮食产地,同时,近年来新乡市也通过土地综合整治项目的开展,积极推进高标准粮田建设。新乡市通过有效的农业政策做引导、加强农业科技的推广、强化行政的推动力量,努力改善农业生产的环境条件,实施多项惠农政策,保证了全市粮食生产的稳步提高。因此,2010年新乡市被评为"河南省粮食生产先进市",此后又于2013年当选为"全国粮食生产先进市",可见粮食生产的成绩斐然。如图3-5所示,2012年,新乡市粮食作物播种面积达 623.06 千公顷(即 934.6 万亩),占河南省粮食作物播种面积比重为 6.23%,在河南省 18 个地市中位居第 6;如图 3-6 所示,粮食产量达 402.03 万吨,占河南省粮食总产量比重为 7.1%,同样位居全省第 6;如图 3-7 所示,新乡市乡村从业人员为 253.25 万人,在河南省总乡村从业人员中占比 5.2%,在河南省 18 个地市中位居第 8。

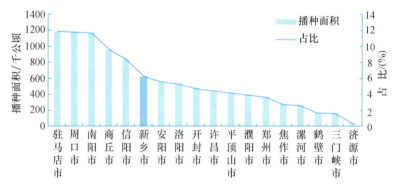

图 3-5　河南省各市粮食作物播种面积(2012 年)

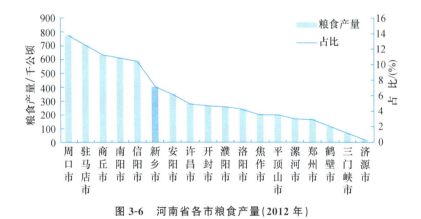

图 3-6　河南省各市粮食产量(2012 年)

2. 新乡市粮食生产量大

新乡市不仅是河南省重要的粮食产地,从绝对数量上看,新乡市的粮食生产量大。如图 3-8 所示,在从 2003 年到 2012 年的这 10 年时间里,新乡市粮食作物播种面积、粮食总产量和平均亩产均稳步上升。粮食作物播种面积从 2003 年的 817.3 万亩上升到 2012 年的 934.6 万亩,增加了 117.3 万亩;粮食总产量从 2003 年的 280.7 万吨上升到 2012 年的 402.0 万吨,增加了 121.3 万吨;平均亩产从 2003 年的 343.5 公斤,上升到 2012 年的 430.2 公斤,增加了 86.7 公斤;人

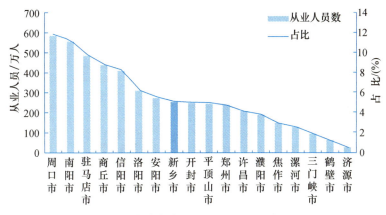

图 3-7　河南省各市乡村从业人员数（2012 年）

均占有量从 2003 年的 504.2 公斤，上升到了 2012 年的 630.0 公斤。

与此同时，新乡市第一产业发展势头良好。2012 年新乡市三次产业中，第二产业增加值占比 57%，第一产业增加值为 200.34 亿元，占比 12%。在第一产业中，新乡市粮食作物播种面积为 623.06 千公顷，如图 3-9 所示，占农作物总播种面积的 79%。

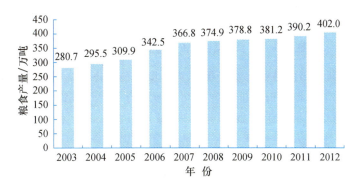

图 3-8　新乡市粮食产量（2003—2012 年）

3.2.2　新乡市的城镇化发展

粮食主产区地处平原，土地平坦，可以借助播种机、收割机、机动三轮车等现代农业生产工具，降低劳动强度，整个农业生产过程，不再需要投入大量的劳动力，即使力气比较小的妇女和老人，也能够独自完成耕种，所以剩余劳动力较多，为城镇化进行了较好的铺底。新乡市域总人口数平稳增长，人口年增长率缓慢下降，城市化率逐年提高，见图 3-10。

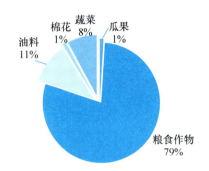

图 3-9　新乡市农作物播种面积比例(2012 年)

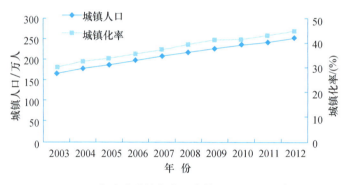

图 3-10　新乡市城镇化发展趋势(2003—2012 年)

近年来,新乡市的城镇化水平保持着稳步增长的态势。新乡市的城镇化水平在中原城市群的地级市中排名第 4,高于河南省的平均城镇化水平,但低于全国的平均城镇化水平。截至 2013 年年末,新乡市总人口为 600.4 万人,其中常住人口为 567.5 万人,城镇化率水平为 46.07%,比 2012 年的 44.69%有所增加。目前,新乡市的城镇化进程较缓慢,城镇化水平较中原城市群其余城市偏低,其城镇化发展的显著问题是:新乡市各等级的城镇规模较小,各城市的城镇化发展不均衡,总体经济势力相对较弱,在城镇化发展过程中,对周边地区经济发展的带动能力有限。第一,从人口和 GDP 两方面来看,新乡市的首位度不高,不仅落后于省会城市郑州,也落后于同等级城市的洛阳、焦作和平顶山,与河南省内经济相对落后的地级市开封大致处于同一水平,这样的首位度对于豫北重点发展的城市新乡来说,显得与其重要的战略地位极为不符。第二,新乡市并不突出的首位度使其对周边城镇的辐射和带动能力不足。第三,新乡市域内各建制镇的人口规模平均为 8700 人,建成区规模约为 3 平方千米,市域东部的长垣市作为新乡地区区域发展的副中心城市距离市域中心城区较远。第四,新乡市域内发展最好的地区是新乡中心城区,发展较快,而市域内其余城市发展相对缓慢,由于地形限制,中西部城镇密度高于东部。综上可以看出,新乡中心城区对周围城镇在城镇化发展中的带动能力并不显著。

3.2.3 新乡市的新农村建设

新乡市在新农村社区的建设方面,出台了一系列政策文件,引导、保障了新型社区的建设。在土地产权方面,对土地确权和产权制度改革(折价入股)进行了探索;在服务和管理方面,出台了针对新农村社区农民的户籍管理办法,确定了"四委一中心"的新型社区管理架构;在保障农民就业和发展方面,鼓励农村土地承包经营权流转和有条件的地区建设产业集聚区。

土地确权。土地所有权证书均颁发给集体经济组织。对处于城乡结合部、城镇规划区内的新农村社区,新农村社区建新区用地已取得集体建设用地使用权的,以确认国有土地所有权为主。

户籍管理。对入住新农村社区的农民,一律登记为"新乡市城镇居住地居民户口"(非农),入住转户农民保留原有权益,继续享受原有土地承包经营权、农村计划生育等各项惠农政策,同时享受市民同等待遇。

建设资金的整合。每年年初,由市资金整合办公室对照资金整合范围,提出社区年内需要安排的基础设施、公共服务设施、产业发展等项目资金规划分类清单,经本级资金整合协调领导小组研究后下达各有关部门。

组织管理。建设"四委一中心",即社区党的总支部委员会(领导、党群)、社区服务管理委员会(服务、管理)、社区监督委员会(监督)、社区居民代表委员会(自我服务、管理)、社区服务中心(办公场所、公共服务)。

产权制度改革。在社区党组织及社区服务管理委员会领导下,成立社区集体经济组织产权制度改革机构,制订具体改革方案,指导各被整合村召开集体经济组织成员大会或成员代表大会讨论通过本村改革方案,对本村集体资产进行清产核资、资产评估,将集体资产产权量化到人,村民持股分红。

农村土地承包经营权流转。尊重农民的意愿和首创,引导和鼓励农民依法采取转包、出租、互换、转让、股份合作、托管等多种形式流转承包地。

产业集聚区(农民创业园)。创业园由县级以上人民政府选择具备建设条件的乡镇进行规划建设,并研究确定规划布点初步意见,由县政府城乡规划部门组织专家机构编制规划,报县政府审批。

案　例

新乡县古固寨镇祥和社区

新乡县古固寨镇祥和社区辖 3 个行政村 6 个自然村,1260 户、5700 口人。祥和社区始建于 2007 年,采取群众自主建和集体招商代建的方式,一期采取群众自主建 662 户(独栋、双拼),二期集体招商代建(小高层)。目前一期已建好,二期入住一部分,迄今共入住农民 907 户,占总户数的 72%,计划 2012 年年底实现全部入住。祥和社区三个旧村占地 1580 亩,新社区占地 656 亩,节约土地 924 亩,节地率 58%。目前,祥和社区已拆迁 938 户,占总户数的 74%,腾退土地 1172.5 亩。其中,后辛庄 387 户,全部拆迁腾退土地 492 亩。新农村社区建设以优化用地结构和节约集约用地为重点,采取"因地制宜,统筹安排,零拆整建,先易后难,突出重点,分步实施"的办法进行建设。

在二期项目建设过程中,又出现建设用地不足、拆旧建新无资金、建设进度缓慢等情况,"地、钱"矛盾逐渐突出。人地挂钩政策试行之后,祥和社区进行试点,有效解决了新型社区建设用地难和拆迁资金不足等问题。祥和社区目前在后辛庄旧村拆迁的 492 亩土地上开展土地综合整治,实行田、水、路、林、村、房等综合治理。2012 年春已打井 9 眼,修筑水泥路 5 条长达 2700 米,架设变压器 1 台,埋设高低压电缆 4400 米,种植荷塘 10 亩,计划栽优质果树 100 亩,建阳光温室 110 座,并开建 6000 平方米钢构玻璃现代农业展示厅。旧村复垦的土地不仅实现规模经营,而且做到家家有资本,户户成股东,年年得分红。

祥和社区建设特别是后辛庄整村拆迁的实践经验表明,必须依靠土地才能取得社区发展的空间,必须盘活土地才能取得社区发展的动力,必须用活用好土地政策才能为"三化"协调、"四化"同步发展提供有力保障。在祥和社区接下来的人地挂钩试点工作中,将努力抓住土地与产业发展的结合点、土地与拆迁复垦的切入点、土地与群众利益的契合点,盘活用足土地政策,最大限度保护农民权利和利益的最大化,走出一条依靠土地整治取得资金,依靠资金建设社区,依靠社区促进拆迁,依靠拆迁盘活土地的良性城镇化发展道路。

刘国印是新乡县古固寨镇后辛庄村农民,膝下有三儿一女,共有 10 亩耕地。在搬进祥和社区前,子女都外出打工,家庭年均纯收入不足 3 万元。2010 年全家搬进了祥和社区,子女们都回家进入临近社区的产业集聚区里的企业工作,收入水平提高了,节省了在外工作时的房租费、日常消费和路费。此外,家中的耕地也流转给了社区农业合作社,租金是 1000 元/(年·亩),老两口也到合作社去打工，每月也有工资收入，家庭年收入为 8 万元左右。

资料来源：根据对新乡县古固寨镇祥和社区主要负责人孔繁鑫的访谈以及其提供的资料整理，并参考中国新闻网的相关报道。

3.3　数据采集和模型方法

3.3.1　问卷和访谈数据

1. 抽样方法介绍

采用问卷调研获得一手数据。通过问卷调研的方式，一方面为从农民个体视角的城镇化路径研究提供了数据支撑，另一方面有针对性的问卷设计为研究内容提供了扎实的资料来源。

本书的问卷调研采用了分层抽样和随机抽样相结合的方法。首先，根据被调查地市的行政地域区划进行分层，以保证研究的抽样样本能够包含所有地域；其次，根据被调查者的年龄结构、性别结构、收入水平进行分层，以保证研究的抽样样本能够反映样本总体情况；最后，在以上分层的基础上，采取随机抽样的方式，对不同农民主体发放问卷，以保证抽样整体的随机性和科学性。由于问卷中所涉及问题的特殊性，要求所选样本农民家庭中必须有 20—30 岁成员。

在调查问卷实际发放前，对原阳县福宁集镇张大夫寨社区、辉县市裴寨社区、新乡县祥和社区进行了实地考察和 3 次预调研，根据预调研的结果对问卷内容和结构进行调整和修改。预调研主要采取两种方式：一是集中被调查村民，在调查员的指导下统一填写，并针对问卷问题进行提问，这种方式有利于发现被调查者中存在的一致性问题，效率高，但由于缺乏一对一的指导，使部分村民未能很好地参与和发表意见；二是由调查员一对一的指导被调查村民填写，这种方式能够保证被调查村民的完全参与，发现被调查村民中存在的一致性问题，同时能深入挖掘部分问题，但效率相对较低。

本次问卷发放借助地方政府力量，由被调查地市的政府机关工作人员和北京大学在校研究生组成调研团队，采取一对一的入户调查方式进行问卷发放与填写。在调研问卷实际发放前对相关调查人员进行了系统培训。

本次问卷调查的范围是：新乡市所辖 7 个县级市（辉县市、卫辉市、获嘉县、新乡县、延津县、原阳县、封丘县）的新农村社区和传统农村社区，涉及新农村社区和传统农村社区共计 63 个。

本次调查共分为两个部分：一是行政村和新农村社区负责人的问卷调查，二是村民的问卷调查。

访谈对象一是新乡市及其各下属县(市)的国土部门领导、工作人员,二是各乡村的村长等负责人,三是新乡市的农民。

2. 问卷内容介绍

问卷设计内容参考了五类文献:一是研究农村劳动力迁移、农民迁移意愿的文献,二是研究农民工城镇化的文献,三是研究新农村社区建设的文献,四是研究宅基地和耕地流转的文献,五是研究农民和农民工个体行为的其他文献。根据研究主题将这些问题归纳整理为六个方面,如下:

被调查村民的农地情况。主要包括农地面积、经营方式、对国家政策的了解程度、是否愿意参与到规模化经营及其原因等。

被调查村民的宅基地情况。主要包括宅基地的数量和面积、是否愿意退出宅基地、退出宅基地的补偿意愿、是否已搬进新农村社区及其原因等。

被调查村民的居住情况。主要包括搬进新农村社区前后的房屋结构、购买商品房的数量和地点、基本生活花费、居住房屋的建设时间、是否有新建房屋需求等。

被调查村民的居住意向情况。主要包括未来5年被调查者本人最有可能定居的地点、希望子女定居的地点、选择是否去城镇定居的原因等。

被调查村民的家庭基本情况。主要包括性别、年龄、文化程度、收入水平、家庭人口、家中拥有耐用消费品的数量等。

被调查村民的家庭成员就业情况。主要包括家庭成员的主要工作形式、地点、行业和收入等,以及家中20—30岁成员对其未来5年的工作形式的预期等。

由于问卷问题较多,考虑到被调查者在做问卷过程中的耐心问题,将难度较大、较敏感的问题前置。同时考虑到问卷较好的切入性,将最为敏感的"宅基地情况"的调查问题放在了第二部分,将容易与被调查村民拉近距离的"农地情况"的调查问题放在了第一部分。考虑到问题较多,将被调查者最容易回答的"家庭基本情况"的调查问题放在较后位置。这样可以在一定程度上保证被调查村民填写问卷的耐心与准确性。

3. 样本概况

样本基本情况统计。本次调查共发放村民问卷1120份,实际回收村民问卷1008份,回收率为90.00%。其中有效问卷841份,有效率为83.43%。实际发放村集体和新社区问卷63份,回收63份。调查样本统计信息见表3-1。

表 3-1 调查样本统计信息

样本特征		样本数	比 例/(%)
性别	男	680	80.86
	女	161	19.14
年龄	20—30 岁	67	7.98
	31—40 岁	211	25.12
	41—50 岁	302	35.95
	51—60 岁	203	24.17
	61 岁以上	57	6.79
被访者学历	小学及以下	124	15.78
	初中	400	50.89
	高中	221	28.12
	中专(技校)	23	2.93
	大专	13	1.65
	本科	5	0.64
	研究生	0	0.00
家庭中最高学历	小学及以下	4	0.52
	初中	191	24.81
	高中	267	34.68
	中专(技校)	122	15.84
	大专	136	17.66
	本科	44	5.71
	研究生	6	0.78
家庭年均纯收入	10 000 元以下	106	14.11
	10 000—15 000 元	77	10.25
	15 000—20 000 元	191	25.43
	20 000—30 000 元	170	22.64
	30 000—40 000 元	110	14.65
	40 000—50 000 元	63	8.39
	50 000 元以上	34	4.53
家庭规模	3 人及以下	143	18.12
	4—5 人	459	58.17
	6—7 人	165	20.91
	8 人及以上	22	2.79
居住地点	新农村社区	287	34.13
	传统农村社区	554	65.87

样本数据的代表性。研究认为本次调查问卷能够有效反映被调查者总体的情况,可以此作为本书研究的基础数据。新乡市是河南省新农村社区建设开始较早也是较成熟的地区,部分县市(如新乡县)的传统农村社区已所剩无几,因此在本次问卷调研和发放过程中,居住在新农村社区中的居民占较多数,能够反映被调查总体的情况。由于研究认为城镇化过程中农民迁移行为的发生是家庭决策的结果,农民个人的进城务工行为不能形成充分的城镇化,从农民个体角度看,家庭整体的迁移行为方能促进充分的城镇化。加之中国传统家庭决策过程中男人为主导的模式,因此在问卷发放过程中,被调查者以男性为主,占被调查者的80.86%。此外,在实际入户调查过程中,多为男主人配合调查者进行问卷填写,导致这种现象的原因是,在传统农村社区的家庭中,"男主外、女主内"的现象明显,鉴于问卷中涉及较多社会型话题,故多由家庭中的男性来进行回答。从被调查者的年龄来看,以31—50岁为主,这也正是农村的主要劳动力,是承担着"上有老、下有小"重任的中坚力量,其意愿和行为决策对整个家庭有决定性影响,因此31—40岁的被调查者占25.12%,41—50岁的被调查者占35.95%。从被调查者的文化程度上看,以初中和高中学历者为主,两者共占问卷总量的79.01%;卫欣(2006)对北京农民工研究的问卷中初高中被调查者的比例为66.7%,刘保奎(2011)对北京农民工居住情况的研究中初高中被调查者的比例为75.46%。本研究的调查问卷中被调查者的文化程度的结构与现有常规研究的文化程度比例相近,初高中的文化程度能够较好地理解问卷中所涉及的问题。

3.3.2 Logit 回归分析

在被解释变量是离散数据时,多选择应用离散选择模型。研究中通过调查问卷获得的城镇迁移预期和意愿、就业类型、宅基地流转意愿等问题的数据都是离散型数据,在描述性统计分析方法的基础上,为进一步研究其影响因素,多选择采用离散选择模型。现有研究发现,从个体行为的视角出发,在对被调查者意愿的分析中,年龄和性别等农民个体特征、收入和家庭生活消费等农民经济水平特征等往往是农民做出各种主观判断和决策(即意愿)的主要的影响因素。而这些因素也多呈现出离散而非连续的特征,同样,在社会经济活动中,多重选择的决策问题常见,而相关因素也多为离散和非连续的数据,于是,离散选择模型正是在这种社会实践需求下产生的。

如上所述,在社会实践生活中,主观判断和决策性的问题研究中,被解释变量往往是如0和1的二分类变量,或多分类变量,并不满足线性回归模型中的正态性和方差齐性前提,因此不能直接用线性回归模型进行建模分析。为弥补常规的回归模型对离散数据分析的缺失,大量研究中广泛采用了离散选择模型,其中常见的模型是 Logit 模型和 Probit 模型,而当自变量中包含连续变量、观测样本多为极值分布时多选用 Logit 模型。因此,在现实的多学科研究中多广泛采用 Logit 模型处理和分析二分类或多分类变量的研究问题。

根据被解释变量的特征,Logit 模型可以分为二分类 Logit 模型(logistic regression)、无序多分类 Logit 模型、有序多分类 Logit 模型(ordered logistic regression),也可以分为非条件 Logit 模型和条件 Logit 模型。本书主要采用的 Logit 模型是二分类 Logit 模型和有序多分类 Logit 模型。

现实社会问题的研究中常常遇到决策性问题,如是否加入某个社会团体、是否赞同某个决议等,这些都是关于决策和意愿的问题,往往答案都是正反两个的这种类型。同样,本书所研究的是否向城镇迁移、是否愿意退出宅基地,都是这种二元性的问题。以这种二元性的变量作为因变量构建的 Logit 模型就是二分类 Logit 模型。当被解释变量是有序多分类的多项分布的变量时,如本书研究中的愿意迁移到城镇是有一定等级性的,建制镇为 1,县城为 2,新乡市为 3,新乡市外为 4,北京、上海和广州为 5,此时构建的 Logit 模型即为有序多分类 Logit 模型。以上二者的原理相同,现以二分类 Logit 模型为例,介绍模型构建的原理。

在一系列事件中第 i 个事件表示为 y_i,是二项分布的变量,即 y_i 若是发生,则其值为 1,反之则为 0;影响 y_i 是否发生的因素有 k 个,分别为 $x_{1i}, x_{2i}, \cdots, x_{ki}$。事件 y_i 发生的概率为 p_i,那么不发生的概率就是 $1-p_i$,该事件发生概率与不发生概率的比值为 $p_i/(1-p_i)$,这个比值通常被称作发生比(Odds),则有:

$$\text{Odds} = \frac{p_i}{1-p_i} = e^{(\alpha+\beta x_i)} \tag{3-1}$$

由此,构建事件 y_i 的 Logit 模型为:

$$\text{Logit}(y_i) = \ln\left(\frac{p_i}{1-p_i}\right) = \alpha + \sum_{k-1}^{k} \beta_k x_{ki} \tag{3-2}$$

其中,$p_i = P(y_i=1 | x_{1i}, x_{2i}, \cdots, x_{ki})$ 表示在给定的一系列自变量 $x_{1i}, x_{2i}, \cdots, x_{ki}$ 的值时,$y_i=1$ 这个事件发生的概率。

在 Logit 模型中,发生比和发生比率(Odds Ratio,OR)是重要的解释参数。发生比是事件发生的频数与不发生频数的比值,也就是说,Odds=某事件发生的频数/某事件不发生的频数=某事件发生的频率/(1-某事件发生的频率)。发生比率是用来比较两组发生比的参数,是两组事件发生比的比值,也就是说,OR=事件 1 的发生比/事件 2 的发生比。OR 值的大小衡量着该自变量对因变量的影响力的强弱。

3.3.3　实证模型设计

1. 实证模型

从农民个人特征出发构建模型。一个设定为"理性人"的农民,他的城镇化行为决策是在对自身(家庭)面临的内外部条件综合权衡下做出的。外部条件,指城镇良好生活条件形成的"拉力"、乡村发展制约因素形成的"推力"等。基于人口迁移的推拉理论,针对城镇化的外部因素,目前已经存在大量的国内外文献。本书通过调研和前述统计分析,发现农民的个人特征对其城镇化行为有显著的影响,力图从个人特征角度拓展对农民城镇化行为和路径的认识。模型为:

$$U = F(H, E, L, M, e)$$

其中,U 表示农民城镇化行为(包括城镇迁移、非农就业、土地流转),H 表示农民的人力资本,E 表示农民的经济水平,L 表示农民所拥有的土地资产,M 表示居住、就业、土地三者相互影响的关联变量,e 表示控制变量。

从人力资本角度解释农民城镇化行为。农民的人力资本越高,表示越具备从事非农产业的能力,越容易谋得非农就业的机会,因此能够促进其城镇化。基于农民个人特征,本书认为人力资本是影响农民城镇化行为重要的影响因素。传统的人力资本理论主要强调教育作用,在这方面的实证研究最多。本书结合调研发现,"见识水平"是农民人力资本中的重要组成部分,"见过世面"的人普遍受到尊重。本书提出的"见识水平"主要从两个方面反映,一是家庭中有党员、干部,在本地农村具有较高的社会地位,能够掌握更多信息和资源;二是家庭中外出务工人员比例较高,通过与外界的广泛接触,对城镇生活更为熟悉,思想更开放。

经济资本和土地资产是农民城镇化的支撑条件。克服城镇化的中间阻碍,需要农民付出一定的成本。农民是否向城镇迁移很大程度上取决于农民能否承担城镇生活成本。农民的经济水平越高,说明农民越富裕,越有足够的能力承担城镇化的成本,越倾向于城镇化。农民所拥有的土地资产越多,由于路径依赖,农民可能更倾向于继续从事与土地相关的生产活动,即越倾向于继续从事农业生产或继续留在农村居住,因此城镇化的倾向性越低。

居住、就业、土地三个维度相互关联,共同推动农民城镇化。三者之间相互影响,就业的非农化,可能带动居住向城镇迁移。居住向城镇迁移,可能会促进农民转移土地资产。

控制变量主要是反映农民个体特征的年龄、性别等。实证模型的变量体系如表 3-2 所示。

表 3-2　粮食主产区城镇化路径研究的变量体系

变量体系		变量名	变量符号	含　义
因变量	城镇迁移行为	迁移预期	Y-YUQI	被调查者预期 5 年内居住地点
		迁移意愿	Y-YIYUAN	被调查者意愿子女居住地点
	非农就业行为	就业类型	Y-JIUYE	被调查者的就业类型
		青年就业类型	Y-QNJIUYE	被调查家庭 20—30 岁成员预期 5 年内就业类型
	土地流转行为	宅基地退还意愿	Y-ZHAIJI	被调查者宅基地退出意愿
		农地流转意愿	Y-NONGDI	被调查者农地的流转意愿
人力资本	教育水平	学历	XUELI	被调查者学历
		最高学历	HXUELI	被调查者家庭最高学历
	见识水平	家庭外出务工率	POPRATE	外出务工的人数占家庭总人数的比例
		党员、干部	GANBU	被调查者家庭中是否有党员、干部
经济资本	收入水平	家庭年均纯收入	SHOURU	被调查家庭年均纯收入
	消费水平	家庭月生活费	FEIYONG	被调查家庭每月基本的生活费
土地资产	宅基地规模	宅基地面积	HLAND	被调查者家庭宅基地面积
	人均宅基地	人均宅基地面积	PHLAND	被调查者家庭人均宅基地农地面积
	农地规模	农地面积	FLAND	被调查者家庭农地面积
	人均农地	人均农地面积	PFLAND	被调查者家庭人均农地面积
关联变量	居住、就业、土地相互影响			根据具体模型确定
控制变量		性别	SEX	被调查者性别
		年龄	AGE	被调查者年龄

2. 因变量设计

城镇迁移行为。从农民的城镇迁移预期和城镇迁移意愿两方面进行研究。迁移预期 1(Y-YUQI1)反映农民是否预期城镇化,预期在农村赋值 0,在城镇赋值 1,采用二分类 Logit 模型回归。迁移预期 2(Y-YUQI2)是有序多分类变量,反映农民预期的城镇化等级,预期在建制镇赋值为 1,县城赋值 2,新乡市区赋值 3,新乡市外赋值 4,北上广赋值 5,采用有序多分类 Logit 模型回归。与之相应,迁移意愿 1(Y-YIYUAN1)农民城镇化的意愿,希望在子女居住在农村赋值 0,在城镇赋值 1,采用二分类 Logit 模型回归。迁移意愿 2(Y-YIYUAN2)是有序多分类变量,反映农民意愿的城镇化等级,预期在建制镇赋值为 1,县城赋值 2,

新乡市区赋值3,新乡市外赋值4,北上广赋值5,采用有序多分类 Logit 模型回归。

非农就业行为。研究农民的就业类型,特别是其家庭青年成员的就业类型。就业类型(Y-JIUYE)是有序多分类变量,反映职业的非农化程度,全职务农的赋值为1,兼业务农的赋值为2,全职非农的赋值为3,采用有序多分类 Logit 模型回归。青年就业类型(Y-QNJIUYE)反映的是被调查者家庭20—30岁成员的就业类型,在赋值规则和回归方法上与就业类型一致。

土地流转行为。分别研究宅基地和农地的流转意愿。宅基地退出意愿(Y-ZHAIJI)的含义是农民若进城,是否愿意退出宅基地,愿意赋值为1,反之为0,采用二分类 Logit 模型回归。农地流转意愿(Y-NONGDI)的含义是农民是否愿意流转农地,愿意赋值为1,反之为0,采用二分类 Logit 模型回归。

3. 自变量选取

人力资本:被调查者的学历和家庭成员的最高学历。被调查的学历是其受教育程度的重要标志,前人研究中也比较关注这个变量。受教育程度高的农民在工作、收入等各方面均相对有优势,同时受教育高的农民对各方面问题都有相对较高的预期。预期更高的学历有利于促进农民城镇化。

人力资本:家庭外出务工的比率。家庭成员中外出务工的比率是指家庭成员中外出务工的人数占家庭总人数的比例。外出打工的人更多地接触到农村以外的、城镇里的生活,与没有外出打工的农民相比,对于个人和家庭发展问题的认识更加开阔,在一定程度上会影响农民的各项决策行为。预期较高的外出务工比率有利于促进农民城镇化。

人力资本:党员、干部。家庭成员中有党员、干部,往往反映这个家庭在本地有一定社会地位,一方面在各项农村实践活动中表现积极,另一方面对与农村、农业和农民相关政策反应比较灵敏。预期有党员、干部的家庭有利于促进农民城镇化。

经济资本:家庭年均纯收入和家庭月生活费。家庭的纯收入和家庭月生活费都是反映家庭收入情况的重要指标。对于收入水平的填写,农民可能存在比较保守的态度,故同时选择家庭月生活费变量来进行稳定性检验。预期更高的经济水平,有利于促进农民城镇化。

土地资产:宅基地、农地规模和人均值。对于农民来说,宅基地和农地是其主要的生产生活资料,也是其在农村的主要资产。土地面积的大小在一定程度上影响了其城镇迁移的决策,土地面积大的农民受到来自土地的吸附力更强,更可能留恋农地和农村。预期拥有更多的土地,不利于促进农民城镇化。

关联变量:就业类型。就业类型的差异反映的是农民在城镇化进程中职业的变化情况,这些与农民的收入息息相关。越是从事非农就业,越可能向城镇迁移,越可能流转土地。

关联变量:城镇房屋和新农村社区。城镇房屋表示被调查者若在城镇有购房,赋值为1,反之为0。新农村社区表示若调查者居住在新农村社区,赋值为1,反之为0。居住地点倾向于城镇,在就业选择上更可能是非农就业,土地更可能流转。

控制变量:性别和年龄。性别和年龄是反映个体特征的常用变量。男性和女性由于在家庭生活和社会生活中不同的角色定位,导致对问题的认知不同。不同年龄段的人在社会经验、就业能力、生活压力等各方面都有很大不同。预期男性、年轻人更可能支持城镇化。各因变量和自变量的含义如表3-3所示。

表3-3 变量说明

变量符号	变量名	变量含义
Y-YUQI1	迁移预期1	被调查农民未来5年最可能的居住地点:城镇赋值为1,反之为0
Y-YUQI2	迁移预期2	被调查农民未来5年最可能的居住地点:建制镇赋值为1,县城赋值为2,新乡市区赋值为3,新乡市外赋值为4,北上广赋值为5
Y-YIYUAN1	迁移意愿1	被调查农民希望子女定居的地点:城镇赋值为1,反之为0
Y-YIYUAN2	迁移意愿2	被调查农民希望子女定居的地点:建制镇赋值为1,县城赋值为2,新乡市区赋值为3,新乡市外赋值为4,北上广赋值为5
Y-JIUYE	就业类型	被调查者的就业类型:全职务农的赋值为1,兼业务农的赋值为2,全职非农的赋值为3
Y-QNJIUYE	青年就业类型	被调查者家庭20—30岁成员的就业类型:全职务农的赋值为1,兼业务农的赋值为2,全职非农的赋值为3
Y-ZHAIJI	宅基地退出意愿	农民若进城,是否愿意退出宅基地:愿意赋值为1,反之为0
Y-NONGDI	农地流转意愿	是否愿意流转农地:愿意赋值为1,反之为0
XUELI1	学历1	被调查者文化程度:高中、中专、技校赋值为1,其余为0
XUELI2	学历2	被调查者文化程度:大专及以上赋值为1,其余为0
HXUELI1	最高学历1	被调查者家庭最高文化程度:高中、中专、技校赋值为1,其余为0
HXUELI2	最高学历2	被调查者家庭最高文化程度:大专及以上赋值为1,其余为0
POPRATE	家庭外出务工率	被调查者家庭中常年外出工作者占家庭总人数的比重
GANBU	党员、干部	被调查者家中是否有党员或干部:有则赋值为1,反之为0
SHOURU	家庭年均纯收入	被调查农民家庭每年的纯收入,单位是元,对数化处理
FEIYONG	家庭月生活费	被调查家庭每月基本的生活费,单位是元,对数化处理

（续表）

变量符号	变量名	变量含义
HLAND	宅基地面积	被调查者家庭拥有宅基地的总面积,单位是亩,对数化处理
PHLAND	人均宅基地面积	被调查者家庭人均拥有宅基地面积,单位是亩,对数化处理
FLAND	农地面积	被调查者家庭拥有农地的总面积,单位是亩,对数化处理
PFLAND	人均农地面积	被调查者家庭人均拥有农地面积,单位是亩,对数化处理
CHOUSE	城镇房屋	被调查者在城镇有购房,赋值为1,反之为0
NRC	新农村社区	被调查者居住在新农村社区,赋值为1,反之为0
JIUYE1	就业类型1	被调查者的就业类型:是兼业务农的赋值为1,其余为0
JIUYE2	就业类型2	被调查者的就业类型:是全职非农的赋值为1,其余为0
SEX	性别	被调查者的性别:男性赋值1,女性赋值0
AGE	年龄	被调查者的年龄,单位是岁

各变量的基本信息如表3-4所示。各变量之间的相关性分析表明,主要变量之间的相关系数均不超过0.5,不会引起共线性问题。

表3-4　变量统计信息

变量名	有效样本数	平均值	标准差	最小值	最大值
迁移预期1	664	0.12	0.33	0	1
迁移预期2	81	2.07	0.69	1	5
迁移意愿1	664	0.51	0.50	0	1
迁移意愿2	340	2.71	1.07	1	5
就业类型	664	1.59	0.64	1	3
青年就业类型	529	2.33	0.64	1	3
宅基地退出意愿	618	0.33	0.47	0	1
农地流转意愿	664	0.78	0.41	0	1
学历1	664	0.30	0.46	0	1
学历2	664	0.02	0.14	0	1
最高学历1	664	0.53	0.50	0	1
最高学历2	664	0.24	0.43	0	1
家庭外出务工率	664	0.23	0.24	0	1
党员、干部	664	0.19	0.39	0	1
家庭年均纯收入	664	26 642.47	17 357.72	1000	150 000
家庭月生活费	664	1300.65	937.99	100	15 000

（续表）

变量名	有效样本数	平均值	标准差	最小值	最大值
宅基地面积	664	0.44	0.35	0.11	5.4
人均宅基地面积	664	0.10	0.09	0.02	1
农地面积	664	6.44	5.95	1	130
人均农地面积	664	1.49	1.48	0.2	32.5
城镇房屋	664	0.07	0.26	0	1
新农村社区	664	0.49	0.50	0	1
就业类型 1	664	0.43	0.49	0	1
就业类型 2	664	0.08	0.27	0	1
性别	664	0.83	0.38	0	1
年龄	664	46.58	9.83	21	70

第四章

粮食主产区农民城镇迁移行为研究

本章在对被调查农民现状居住条件分析的基础上,重点从迁移预期和迁移意愿两个方面分析农民的城镇迁移行为,分析思路如图 4-1 所示。分析内容包括不同特征(收入、性别、年龄、所属县市)农民的迁移预期、意愿以及两者之间的匹配关系。本章最后利用离散选择模型,主要从人力资本、经济资本、土地资产、居住/就业/土地相互关联、农民个体特征五个方面构建变量体系,考察农民城镇迁移行为的影响因素。

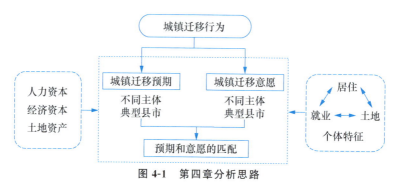

图 4-1　第四章分析思路

4.1　农民居住的基本情况

4.1.1　调查问题设置

农民向城镇迁移,需要同时具有城镇化的能力和意愿,两者相互匹配,才能促成农民城镇化行为的实施。

关于农民城镇化能力，通过农民近期预期居住地来反映。城镇化能力由于涉及农民的收入、亲缘等敏感问题，容易被农民回避或虚假回答。研究假设被调查农民均具有理性，能够在对自身家庭收入、亲友人际关系等实际情况综合评判的基础上，合理预期自己近期城镇化迁移的地点（或不迁移）。问卷中设定的问题是"未来 5 年您最有可能在哪里定居"。

关于城镇化意愿，通过农民对其子女未来预期居住地来反映。"老而随子女"，被调查农村仍以子女养老模式为主，老年人随子女迁居，或居住地与子女居住地接近，便于往来。农民对子女未来居住地的预期，寄托着农民对子女的良好祝愿，也在很大程度上反映农民在较长时期内、超脱于实际能力的定居意愿。问卷中设定的问题是"关于子女，您希望他/她在哪里定居"。

以上设定是在预调研的基础上确定的。预调研中发现，被调查农民对于直接询问"城镇化能力"和"城市化意愿"这两个问题辨识度不高，有的农民甚至直接提出两个问题一样，存在选择性只回答其中一个问题、不切实际的盲目回答、不负责任随便填写的现象。

4.1.2　典型县市选取

研究选择新乡县、获嘉县和封丘县三个典型县市进行不同区县的分析。选择案例县市的原因主要基于问卷质量、经济发展水平和距离新乡城区的距离三个主要因素。具体来说：① 新乡县是近邻新乡城区的县，交通十分便利，经济基础好，是新乡市最早开展新农村社区建设的县市之一，目前全县所有村庄均已完成新农村社区规划；② 获嘉县是问卷质量相对较好的县，在新乡各县市中属于经济水平中等的县市之一，与新乡城区之间隔着新乡县，属于新乡城区第二圈层的县市；③ 封丘县是传统的农业县，曾是新乡市唯一的国家级贫困县，是距离新乡城区最远的县，县域范围内有大范围的黄河滩区，对新乡市的农业县有较好的代表性。

4.1.3　现状居住情况

被调查区域农民现状的居住条件在房屋层数、房屋结构、建造时间等各方面存在差距，农民追求更好居住环境成为建设新农村和推进城镇化的重要动力。一是在房屋层数上，被调查农民家以一层平房为主（占比 63.85%），其次是两层楼房（占比 30.56%），三层及以上的房屋极为少见（占比 1.07%）。二是在房屋结构上，以砖混结构为主（占比 62.61%），其次是砖瓦结构（占比 20.49%）和砖木结构（占比 14.98%），土木结构的房屋已经少有见到。三是在农村房屋的建造时间上，主要分布在 1975—2000 年（占比 63.68%），其中 1986—1990 年（占比 25.46%)和 1996—2000 年(占比 18.40%)是两个建设的高峰时期(图 4-2),按照调查地区农村房屋的建设质量和翻修规律,许多农民的房屋需要进行修缮或调整。

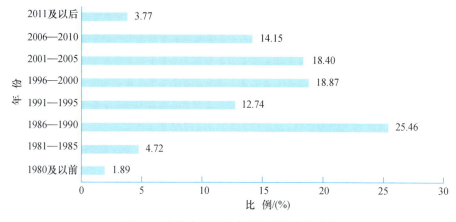

图 4-2　传统农村社区农民的房屋建造时间

少部分农民已经实现在城镇购置房屋,改善居住条件。被调查农民中,有 7.36%的人在附近的城镇购置了一套房屋,有 0.40%的人购置了两套房屋。其中,一半人的新家安置在镇,各有约四分之一的人安置在县城和新乡市区。

4.2　农民城镇迁移预期

4.2.1　总体特征

短期内农民对自身迁移预期呈现出省内迁移为主、县城和新农村社区集中的特征,如图 4-3。

(1)农民的城镇迁移预期仍以省内迁移占绝对优势。97.84%的农民居住预期在河南省省内,仅有 1.08%的人预期居住在外省省会城市,1.08%的人预期在北京、上海、广州这三个超大城市。这反映被调查农民的能力情况,一般农民难以跨出省外实现城镇化。

(2)农民的城镇就近迁移集中在县城。对自己短期内居住预期在省内城镇的占 12.70%,其中 8.38%的被调查农民的居住预期地点是县城,2.28%的居住预期地点是乡镇,1.56%的居住预期地点是新乡市区。乡镇吸引力不足,广泛分散在农村的小城镇只能为本地农业经济发展和农民生活服务提供基本服务,不能提供充足的就业岗位,无法实现本地的非农结构转化,户籍制度以及与之相应的公共服务只有在县城以上的城镇实施,一般建制镇的福利机制与农村没有根本差别,使得小城镇居民无法享受城市居民的福利,降低了农民进镇的期望。短期内,省会城市郑州不会成为农民城镇迁移的重点。从调查上看,选择郑州作为农民城镇迁移的居住预期地点的仅占 0.48%,低于预期的是新乡市区和县城的比例。郑州是河南省的省会、中原经济区的核心城市,其对周边地市有较强吸引力,但却不是短期内农民进城定居的首选之地。

(3)农民的乡村就近迁移集中在新农村社区。被调查农民中有 51.98% 对居住预期地点的选择是新农村社区。新乡是河南省新农村社区建设开展较早的地区,被调查者中有三分之一(34.13%)居住在新农村社区中。同时,伴随着新农村社区工作的推进,多数地方的新农村社区建设活动也已经开始筹备。在农民的意识中,新农村社区建设已经成为大趋势。因此,有超过半数的被调查农民对自己短期内定居地点的预期是新农村社区。

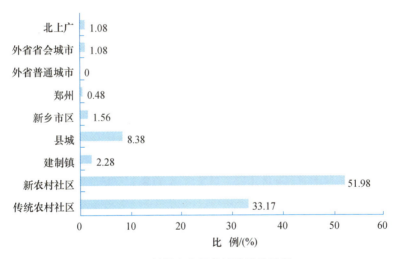

图 4-3　被调查农民的城镇迁移预期

4.2.2　不同年龄农民的城镇迁移预期

总体样本分布在 20—60 岁之间,这部分是"上有老、下有小",是家庭的栋梁群体。分析不同年龄段被调查农民的居住预期,发现不同年龄段的农民居住预期与样本总体有相似的特征(表 4-1):

(1)各年龄段的农民中,大多数对自身居住预期地点为新农村社区,其次是传统农村社区。据调查,各年龄段农民中均有 50% 左右的农民认为自身的居住预期地点是在新农村社区,其中 51—60 岁的农民居住预期地点在新农村社区的比例最高,达到 56.22%;除 20—30 岁年轻农民外,各年龄段农民预期自身居住地点在传统农村社区的约为 35%,其中 41—50 岁农民中该比例最多(为 37.00%),20—30 岁年轻农民中该比例仅为 17.65%。由此可见,在农民理性的居住预期中,短期内,农村仍是农民居住地点的主流首选,尤其是新农村社区。

(2)县城依旧是各年龄段农民向城镇迁移的首选,而建制镇在各年龄段农民的居住预期中均处于较低水平。据调查,较其他年龄段农民而言,20—30 岁年轻农民中有更高比例的受访者的居住预期地点在县城,该比例为 17.65%,其余年龄段的该比例分别为 9.05%(31—40 岁)、8.33%(41—50 岁)、5.47%(51—60 岁)、5.26%(61 岁及以上),在各年龄段中均居于较高水平。相反,建制镇作为居住预期地的比例在各年龄段农民中均较低,除 61 岁以上的农民(该比例为 5.26%)外,其余年龄段中该比例均不足 3%。

(3)20—30 岁年轻农民的居住预期表现出多样化特征。一是居住预期地点在各等级城镇的比例高于其余年龄段。据调查,20—30 岁农民预期居住地在各等级城镇的比例为 32.35%,其余年龄段的该比例分别为 15.24%(31—40 岁)、13.33%(41—50 岁)、8.95%(51—60 岁)、21.06%(61 岁及以上)。二是希望继续留在传统农村社区的较少,仅为 17.65%。三是居住预期地点在省外城市和北上广的比例(分别为 5.88% 和 2.94%)高于居住预期地点在新乡和省会郑州的比例(分别为 1.47% 和 2.94%)。

表 4-1　不同年龄农民的迁移预期

年　龄		传统农村社区	新农村社区	建制镇	县　城	新乡市区	郑　州	省外城市	北上广	小　计
20—30 岁	样本数	12	34	1	12	1	2	4	2	68
	比例/(%)	17.65	50.00	1.47	17.65	1.47	2.94	5.88	2.94	100
31—40 岁	样本数	66	112	6	19	4	0	1	2	210
	比例/(%)	31.43	53.33	2.86	9.05	1.90	0	0.48	0.95	100
41—50 岁	样本数	111	149	7	25	5	1	2	0	300
	比例/(%)	37.00	49.67	2.33	8.33	1.67	0.33	0.67	0	100
51—60 岁	样本数	70	113	2	11	2	0	0	3	201
	比例/(%)	34.83	56.22	1.00	5.47	1	0	0	1.49	100
61 岁及以上	样本数	19	26	3	3	1	1	2	2	57
	比例/(%)	33.33	45.61	5.26	5.26	1.75	1.75	3.51	3.51	100
合　计	样本数	278	434	19	70	13	4	9	9	836

注:"北上广"指北京、上海和广州,下同。

4.2.3 不同收入农民的城镇迁移预期

由于农民的城镇化行为多以家庭为基本单元,虽然也存在部分家庭成员外出务工的情况,但总体上农民进入城市生活的决策过程依然是综合考虑家庭所有成员后的家庭决策的结果,因此研究中的收入变量选用家庭年均纯收入,单位是元。农村的传统概念中家庭是个很复杂的概念,既指三世同堂或四世同堂的大家庭,也指小三口之家或四口之家,结合调查地区的实际情况,研究中所谓的家庭是以"分家分户"为主,也就是指以财务收支单元为主,在调查中也有明确说明。分析不同收入水平被调查农民的居住预期(表 4-2),发现有以下特征:

表 4-2　不同收入农民的迁移预期

家庭年均纯收入		传统农村社区	新农村社区	建制镇	县　城	新乡市区	郑　州	省外城市	北上广	小　计
10 000 元及以下	样本数	29	67	2	8	0	0	0	0	106
	比例/(%)	27.36	63.21	1.89	7.55	0	0	0	0	100
10 001—15 000 元	样本数	38	32	1	6	0	0	0	0	77
	比例/(%)	49.35	41.56	1.3	7.79	0	0	0	0	100
15 001—20 000 元	样本数	68	98	7	12	3	0	0	1	189
	比例/(%)	35.98	51.85	3.7	6.35	1.59	0	0	0.53	100
20 001—30 000 元	样本数	65	85	0	16	4	1	0	0	171
	比例/(%)	38.01	49.71	0	9.36	2.34	0.58	0	0	100
30 001—40 000 元	样本数	36	52	4	13	5	0	0	0	110
	比例/(%)	32.73	47.27	3.64	11.82	4.55	0	0	0	100
40 001—50 000 元	样本数	24	28	2	8	0	1	0	0	63
	比例/(%)	38.1	44.44	3.17	12.7	0	1.59	0	0	100
50 001 元及以上	样本数	12	14	0	5	1	2	0	0	34
	比例/(%)	35.29	41.18	0	14.71	2.94	5.88	0	0	100
合　计	样本数	272	376	16	68	13	4	0	1	750

(1) 随收入水平的提高,农民的居住预期在农村的越少,居住预期在各等级城镇的越多,其中县城仍为各收入水平农民的主要预期居住的城镇。据调查,居住预期在传统农村社区和新农村社区的比例分别为 90.57%(10 000 元及以下)、90.91%(10 001—15 000 元)、87.83%(15 001—20 000 元)、87.72%(20 001—30 000 元)、80.00%(30 001—40 000 元)、82.54%(40 001—50 000 元)、76.47%(50 001 元及以上)。据调查,不同收入水平的农民中,居住预期地点在县城的农民比例均高于居住预期地点在其余等级城镇的农民比例,家庭年均纯收入超过 30 000 元的农民中,居住预期地点在县城的比例超过了 10%。

（2）对于被调查农民,家庭年均纯收入 15 000 元是其预期到城镇居住的重要节点。一是超过 15 000 元后,农民预期到各等级城镇居住的比例增加。据调查,家庭年均纯收入在 15 000 元以下的农民居住预期在各等级城镇的比例均不到 10％,分别为 9.43％（10 000 元及以下）和 9.09％（10 001—15 000 元）;家庭年均纯收入超过 15 000 元的农民中,居住预期地点在城镇的比例均在 12％以上,其中家庭年均纯收入在 50 001 元以上的农民中,该比例高达 23.53％。二是家庭年均纯收入超过 15 000 元后,农民中预期到较高等级城镇居住的比例增加。据调查,在该收入水平以下的被调查农民中,预期居住的城镇等级仅为建制和县城,并未出现地级市、省会城市及更高等级的城市,而在该收入水平以上的被调查农民中,预期居住的城镇中地级市新乡和省会城市郑州所占的比例开始增加。

（3）家庭年均纯收入水平越高,农民居住预期地点的城镇等级越高。一是随着家庭年均纯收入的提高,农民的居住预期地点中出现了高等级的城镇。家庭年均纯收入超过 15 000 元后,居住预期地点中出现了地级市新乡和省会城市郑州。二是随着家庭年均纯收入的提高,农民的预期居住地中高等级城镇的比例有所增加。据调查,家庭年均纯收入为 30 001—40 000 元的被调查农民中,有 4.55％比例的预期居住地在新乡市区;家庭年均纯收入在 50 001 元及以上的被调查农民中,有 5.88％比例的居住预期地点在郑州。

4.2.4　不同性别农民的城镇迁移预期

分析不同性别被调查农民的居住预期,发现有以下特征（图 4-4）：

（1）在各等级城市中,县城是男性农民和女性农民共同的主要居住预期地点,但对农村的居住预期地点两者有差异。一是男性和女性中,居住预期地点是县城的比例分别为 8.74％和 6.92％,均高于其余等级城镇的比例。二是居住预期在农村的农民中,男性的居住预期主要集中在新农村社区,女性的主要集中在传统农村社区;据调查,男性中居住预期在新农村社区和传统农村社区的比例分别为 55.26％和 29.93％,女性中居住预期在新农村社区和传统农村社区的比例分别为 38.36％和 46.54％。

（2）女性农民的居住预期总体上高于男性农民。女性的居住预期地点在各等级城镇的比例略高于男性。据调查,女性居住预期在农村和城镇的比例分别为 84.91％和 15.09％,男性居住预期在农村和城镇的比例分别为 85.19％和 14.81％。

（3）在省内城市和省外城市,不同性别对其作为居住预期地点的认识不同。一是在省外的城市中,女性的居住预期均高于男性。据调查,男性和女性样本中,居住预期地点在省外城市的比例分别为 0.74％和 2.52％,居住预期地点在

北上广的比例分别为 1.04% 和 1.26%。二是在省内的城镇中,城镇等级越高,
男性视其为居住预期地点的比重高于女性。据调查,在较低等级的建制镇,女性
视其为居住预期地点的比例为 3.14%,高于男性中的这一比例(为 2.07%);男
性视县城、新乡市区和郑州为居住预期地点的比例分别为 8.74%、1.63%、
0.59%,均高于女性。

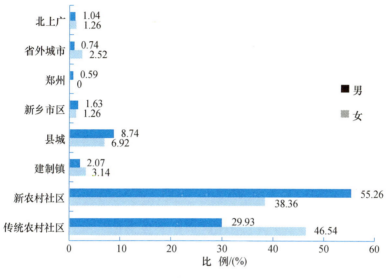

图 4-4　不同性别农民的迁移预期

4.2.5　典型县市农民的城镇迁移预期

　　分析不同县市农民的城镇迁移预期,见表 4-3,可以发现,经济条件好的县市
农民向城镇迁移的居住预期较高,反之则较低。

　　第一,作为经济发展水平较高、距离新乡市区距离较近的新乡县,居住预期
在农村的被调查农民比例为 79.34%,为三个案例县市中最低的。与此同时,居
住预期在各等级城镇的农民比例为 20.66%,为三个案例县市中最高的。第二,
作为经济发展相对滞后的传统农业县,封丘县的被调查农民中居住预期在农村
的比例为 98.11%,高于获嘉县(91.26%),为三个案例县市中最高的。与此同
时,封丘县农民的居住预期在各等级城镇的比例仅为 1.89%,比例非常低。第
三,在被调查农民中,新乡县出现了居住预期在郑州和北上广的案例,虽然比例
仅为 0.67%,但可以反映一定的趋势。与此同时,新乡县农民中居住预期在新
乡市区的比例为 5.33%,高于其余两个案例县市。第四,作为经济发展处于中
等水平的获嘉县来说,被调查农民的居住预期在县城的比例最高,为 5.63%,同

时也高于其余两个案例县市。由此可见,经济条件越好的县市,农民走出农村居住的预期越高。

此外,新乡县的被调查农民中,居住预期在乡镇的比例较高。据调查,新乡县的被调查农民中,居住预期在乡镇的比例为 8.67%,远高于被调查农民总体的居住预期在乡镇的比例(2.28%)。由此可见,对于新乡县来说,乡镇是农民重要的居住预期地点。

表 4-3　典型县市农民的迁移预期

典型县市		传统农村社区	新农村社区	建制镇	县城	新乡市区	郑州	省外城市	北上广	小计
获嘉县	样本数	73	73	2	9	3	0	0	0	160
	比例/(%)	45.63	45.63	1.25	5.63	1.88	0	0	0	100
新乡县	样本数	67	52	13	8	8	1	0	1	150
	比例/(%)	44.67	34.67	8.67	5.33	5.33	0.67	0	0.67	100
封丘县	样本数	6	98	2	0	0	0	0	0	106
	比例/(%)	5.66	92.45	1.89	0	0	0	0	0	100

4.3　农民城镇迁移意愿

4.3.1　总体特征

如图 4-5 所示,农民的城镇迁移意愿呈现以下四方面的特征:

(1)农民的迁移意愿以省内城市为主。农民迁移意愿在河南省省内的为88.81%,其中迁移意愿为省内各等级城镇的农民占被调查者的 42.96%,希望居住在外省城市的农民占 4.45%,希望居住在北京、上海、广州的农民占6.74%。可见,较长期内,省内各城市将成为农民进城的主要地区。

(2)中小城市对农民的吸引力大,主要以县城为主。希望居住在新乡城区的占 11.91%,希望居住在县城的占 25.03%。

(3)区域中心城市对农民进城定居的吸引力不足。作为河南的省会城市、中原经济区核心城市的郑州,在农民的城镇迁移意愿问题上,对农民的吸引力不足,仅有 3.13% 的被调查农民希望未来迁移至郑州定居。也就是说,较长期内,区域中心城市仍不是农民向城镇迁移定居的主要城市。

(4)新农村社区对农民迁居的选择仍有较强的吸引力。被调查农民中有31.77% 希望子女也在新农村社区居住。新农村社区作为与传统农村社区不同、与城镇不同的人类活动聚集地,对被调查农民的吸引力大。

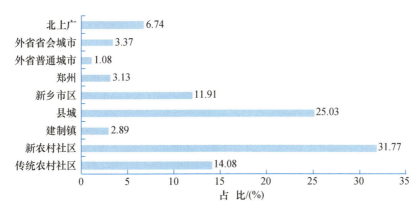

图 4-5　被调查农民的城镇迁移意愿

4.3.2　不同年龄农民的城镇迁移意愿

分析不同年龄段被调查农民的迁移意愿,如表 4-4,发现不同年龄段农民的迁移意愿与样本总体有相似的特征。具体来讲,有以下特征:

(1) 对各年龄段农民而言,向城镇迁移已成为主流趋势。一是与居住预期相比,各年龄段农民迁移意愿是传统农村社区和新农村社区的比例明显减少。据调查,各年龄段中,迁移意愿是传统农村社区的农民所占比例基本都在 15% 以内,其中以 20—30 岁的年轻农民所占比例最低(为 10.45%);51—60 岁的农民中有 37% 的迁移意愿是新农村社区,是各年龄段中的最高比例。以上两者与居住预期相比,有明显的减少。二是迁移意愿是各等级城镇的农民比例较居住预期有显著增加。据调查,各年龄段农民的迁移意愿是在传统农村社区和新农村社区的比例分别为 35.82%(20—30 岁)、44.93%(31—40 岁)、45.00%(41—50 岁)、52.50%(51—60 岁)、42.11%(61 岁以上)。由此可见,长期内农村区域能留住的人口将会出现大幅减少。

(2) 县城和新乡市区是城镇体系中吸纳向城镇迁移农民的重要环节,建制镇和省会城市的吸引力较弱。一是与迁移预期相比,各年龄段农民迁移意愿是县城和新乡市区的比例则明显增多。据调查,各年龄段农民的迁移意愿是县城的比例均在 20% 以上,其中 20—30 岁年轻劳动力中该比例最高(为 31.34%),该比例最低的是 51—60 岁农民(为 20.00%);迁移意愿是新乡县城的比例基本在 10% 以上,除 61 岁及以上农民(该比例为 8.77%)外,41—50 岁农民的该比例最高(为 13.33%)。二是县城和新乡市区是各年龄段农民向城镇迁移的首选。据调查,各年龄段农民的城镇迁移意愿中,县城所占的比例均高于其余各等级城镇。三是建制镇对农民城镇迁移行为的吸引力极其弱。据调查,各年龄段农民中,建制镇作为其迁移意愿地的比例均为最低(都不超过 5%),尤其是在被调查的 20—30 岁农民中,没有被访者的迁移意愿是乡镇。四是北上广对农民的吸引力强于省会城市。据调查,在各年龄段中,迁移意愿是北京、上海、广州的农民比例均不低于迁移意愿是省会郑州的比例,其中 20—30 岁年轻农民中,这两者的比例之差高达 8 个百分点。

(3)20—30 岁的年轻农民的城镇迁移意愿出现层次化的特征,一定比例的年轻农民有"出去闯闯"的意愿,希望在省内的则以县城为最高比例。第一,在20—30 岁年轻农民的城镇迁移行为中出现了向省外城市迁移的倾向。据调查,在 20—30 岁年轻农民中,迁移意愿是省外城市的比例是 13.43%,仅次于迁移意愿是县城和新农村社区的比例。第二,县城是年轻农民迁移意愿的主要地点。据调查,在 20—30 岁农民中,迁移意愿是县城的比例最高(为 31.34%),也高于其余年龄段农民中迁移意愿是县城的比例。

表 4-4 不同年龄农民的迁移意愿

年 龄		传统农村社区	新农村社区	建制镇	县 城	新乡市区	郑 州	省外城市	北上广	小 计
20—30 岁	样本数	7	17	0	21	7	0	9	6	67
	比例/(%)	10.45	25.37	0	31.34	10.45	0	13.43	8.96	100
31—40 岁	样本数	28	65	6	49	22	6	12	19	207
	比例/(%)	13.53	31.40	2.90	23.67	10.63	2.90	5.80	9.18	100
41—50 岁	样本数	45	90	14	83	40	9	8	11	300
	比例/(%)	15.00	30.00	4.67	27.67	13.33	3.00	2.67	3.67	100
51—60 岁	样本数	31	74	3	40	25	7	4	16	200
	比例/(%)	15.50	37.00	1.50	20.00	12.50	3.50	2.00	8.00	100
61 岁及以上	样本数	6	18	1	15	5	4	4	4	57
	比例/(%)	10.53	31.58	1.75	26.32	8.77	7.02	7.02	7.02	100
合 计	样本数	117	264	24	208	99	26	37	56	831

4.3.3 不同收入农民的城镇迁移意愿

由于农民的城镇化行为多以家庭为基本单元,虽然也存在部分家庭成员外出务工的情况,但总体上农民进入城市生活的决策过程依然是综合考虑家庭所有成员后的家庭决策的结果,因此研究中的收入变量选用家庭年均纯收入,单位是元。农村的传统概念中家庭是个很复杂的概念,既指三世同堂或四世同堂的大家庭,也指小三口之家或四口之家,结合调研地区的实际情况,研究中所谓的家庭是以"分家分户"为主,也就是指以财务收支单元为主,在调研中也有明确说明。

分析不同收入水平被调查农民的迁移意愿(表4-5),发现有以下特征:

(1) 随收入水平的提高,迁移意愿在农村的逐渐越少,迁移意愿在各等级城镇的越多。其中县城仍为各收入水平农民迁移意愿的主要城镇等级。据调查,迁移意愿在各等级城镇的比例分别为 39.05%(10 000 元及以下)、44.74%(10 001—15 000 元)、39.89%(15 001—20 000 元)、55.56%(20 001—30 000 元)、74.31%(30 001—40 000 元)、68.25%(40 001—50 000 元)、64.71%(50 001 元及以上)。据调查,不同收入水平的农民中,迁移意愿是县城的农民比例高于迁移意愿是其余等级城镇的农民比例,各收入水平的农民中,该比例均超过了15%,最高达 34.86%(30 001—40 000 元)。

(2) 对被调查农民来说,家庭年均纯收入 20 000 元是其迁移意愿向城镇倾斜的重要节点。一是超过 20 000 元后,农民的主要迁移意愿地点,由此前的新农村社区变为了县城和新乡市区。据调查,家庭年均纯收入在 20 000 元以下的农民中,迁移意愿比例最高的地点是新农村社区,且比例很高,均在 40% 左右;家庭年均纯收入在 20 000—50 000 元的农民中,迁移意愿比例最高的地点是县城,所占比例依次为 28.07%、34.86%、31.75%;家庭年均纯收入在 50 000 元以上的农民中,迁移意愿比例最高的地点为新乡城区,该比例为 23.53%。二是家庭年均纯收入超过 20 000 元后,农民中迁移意愿为较高等级城市的比例开始增加,如迁移意愿是新乡市区的比例超过 12%,迁移意愿是北上广的比例超过 5%。

(3) 家庭年均纯收入在 10 000 元以下,农民的迁移意愿相对集中。一是迁移意愿地以新农村社区为主。据调查,家庭年均纯收入在 10 000 元以下的农民中,60.95% 农民迁移意愿是农村,其中新农村社区的比例为 44.76%。二是在向城镇迁移的意愿中,以县城为主(比例为 24.76%),无省外城市和北上广。

(4) 家庭年均纯收入水平越高,迁移意愿地的城镇等级越高。据调查,家庭年均纯收入在 40 001—50 000 元的农民中,迁移意愿是县城的比例为 31.75%,迁移意愿是北上广的比例为 12.70%,均高于其余收入水平农民中的比例;家庭年均纯收入在 50 000 元以上的农民中,迁移意愿是新乡市区的比例为 23.53%,迁移意愿是省会郑州和省外城市的比例均为 5.88%,均高于其余收入水平农民中的比例。

表 4-5　不同收入农民的迁移意愿

家庭年均纯收入		传统农村社区	新农村社区	建制镇	县　城	新乡市区	郑　州	省外城市	北上广	小　计
10 000 元及以下	样本数	17	47	2	26	10	3	0	0	105
	比例/(%)	16.19	44.76	1.90	24.76	9.52	2.86	0	0	100
10 001—15 000 元	样本数	17	25	2	20	9	1	1	1	76
	比例/(%)	22.37	32.89	2.63	26.32	11.84	1.32	1.32	1.32	100
15 001—20 000 元	样本数	35	78	5	37	15	7	2	9	188
	比例/(%)	18.62	41.49	2.66	19.68	7.98	3.72	1.06	4.79	100
20 001—30 000	样本数	29	47	5	48	22	6	5	9	171
	比例/(%)	16.96	27.49	2.92	28.07	12.87	3.51	2.92	5.26	100
30 001—40 000 元	样本数	5	23	4	38	19	6	2	12	109
	比例/(%)	4.59	21.10	3.67	34.86	17.43	5.50	1.83	11.01	100
40 001—50 000 元	样本数	5	15	2	20	10	0	3	8	63
	比例/(%)	7.94	23.81	3.17	31.75	15.87	0	4.76	12.70	100
50 001 元及以上	样本数	4	8	1	6	8	2	2	3	34
	比例/(%)	11.76	23.53	2.94	17.65	23.53	5.88	5.88	8.82	100
合　计	样本数	272	376	16	68	13	4	0	1	750

4.3.4　不同性别农民的城镇迁移意愿

分析不同性别被调查农民的迁移意愿,如图 4-6,发现有以下特征:

(1)在各等级城市中,县城是男性和女性农民共同的主要迁移意愿地点,但对迁移意愿仍在农村的样本中,男性和女性存在差异,该规律与居住预期相似。一是男性和女性中,迁移意愿地是县城的比例分别为 25.11% 和 25.00%,均高于其余等级城镇的比例。二是迁移意愿在农村的农民中,男性的迁移意愿主要集中在新农村社区,女性的主要集中在传统农村社区。据调查,男性中迁移意愿在新农村社区和传统农村社区的比例分别为 35.96% 和 11.74%,女性中迁移意愿在新农村社区和传统农村社区的比例分别为 14.1% 和 23.08%。

(2)女性农民的迁移意愿总体上高于男性农民。女性的迁移意愿在各等级城镇的比例略高于男性;据调查,女性迁移意愿在农村和城镇的比例分别为 37.18% 和 62.82%,男性迁移意愿在农村和城镇的比例分别为 47.70% 和 52.30%。

(3)在省内和省外城市,男女对其作为迁移意愿地点的认识不同,规律与迁移预期的规律相似。一是在省外的城市中,女性的迁移意愿均高于男性。据调查,男性和女性样本中,迁移意愿地在省外城市的比例分别为 2.82% 和

11.54%,迁移意愿地在北上广的比例分别为 6.39% 和 8.33%。二是在省内的城镇中,男性的迁移意愿普遍高于女性。据调查,女性以新乡市区作为迁移意愿的比例(12.82%)高于男性(11.74%),除此之外,其余等级城镇的比例均低于男性。

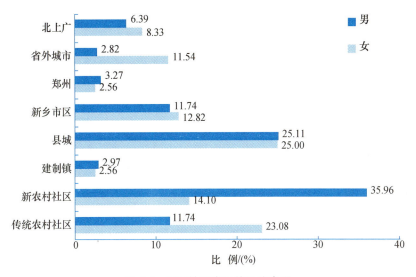

图 4-6　不同性别农民的迁移意愿

4.3.5　典型县市农民的城镇迁移意愿

分析不同县市农民的城镇迁移意愿(表 4-6),可以发现:经济条件好的区县农民的城镇迁移意愿较高,反之则较低。

第一,案例县市中,经济发展条件最好、距离新乡市区最近的新乡县,农民迁移意愿在各等级城镇的比例共为 74.00%;经济发展条件次之的获嘉县,农民迁移意愿在各等级城镇的比例共为 45.62%;而经济发展相对滞后的封丘县,农民迁移意愿在各等级城镇的比例仅为 4.72%。第二,新乡县的农民在向城镇迁移的过程中,迁移意愿是新乡市区的比例最高(为 29.33%),高于其余等级的城镇,同时也高于其余两个案例县市中的这一比例;获嘉县的农民在向城镇迁移的过程中,迁移意愿是县城的比例最高(为 31.88%),高于其余等级的城镇,同时也高于其余两个案例县市中的这一比例;而封丘县中,迁移意愿是县城的农民比例较高,但也仅为 2.83%。第三,新乡县的被调查农民中,迁移意愿是郑州市区的比例是 9.33%,远高于获嘉县被调查农民中的这一比例(0.63%)。在新乡县的被调查农民中,迁移意愿是省外城市和北上广的比例也较高,分别为 6.00%

和 7.33%。

此外,新乡县的被调查农民中,迁移意愿是建制镇的比例较高。据调查,新乡县的被调查农民中,城镇迁移意愿在建制镇的比例为 10.67%,远高于被调查农民总体的迁移意愿在建制镇的比例(2.89%)。由此可见,对于新乡县来说,建制镇是农民重要的城镇迁移意愿地点。

表 4-6   典型县市农民的迁移意愿

典型县市		传统农村社区	新农村社区	建制镇	县　　城	新乡市区	郑　州	省外城市	北上广	小　计
获嘉县	样本数	37	50	4	51	17	1	0	0	160
	比例/(%)	23.13	31.25	2.50	31.88	10.63	0.63	0	0	100
新乡县	样本数	15	24	16	17	44	14	9	11	150
	比例/(%)	10.00	16.00	10.67	11.33	29.33	9.33	6.00	7.33	100
封丘县	样本数	0	101	0	3	2	0	0	0	106
	比例/(%)	0	95.28	0	2.83	1.89	0	0	0	100

4.4　农民城镇迁移预期和意愿的匹配

分析被调查者的城镇迁移预期和迁移意愿(表 4-7),主要表现为:

(1)农民的定居预期和迁移意愿是紧密关联。一是农民的定居预期和迁移意愿均主要集中在中小城镇以下地区。定居预期在新农村社区和传统农村的共占被调查农民的 85.15%,定居预期在中小城镇的农民比例为 12.22%。迁移意愿是新农村社区的占被调查农民的 31.77%,迁移意愿是中小城镇的农民比例为 39.83%。由此可见,中小城镇及以下地区是农民定居和迁移的主要地区。二是有很大比例的农民希望子女和自己居住在同一等级的城乡中,即很大比例农民的居住预期与迁移意愿是在同等级的城市或农村。据调查,定居预期在不同等级城镇和农村的被调查农民中,希望子女跟自己定居在同一等级城镇或农村的比例均在 20% 以上,其中定居预期在新农村社区的农民中,希望子女也在新农村社区的农民占 56.61%,定居预期在县城的农民中,希望子女也在县城居住的农民占 72.86%,定居预期在新乡市区的农民中,希望子女也在新乡市区居住的农民占 61.54%。

(2)从城镇等级上来说,农民定居预期和迁移意愿的偏离表现为意愿高于预期。一是从整体上看,被调查农民对自身居住预期主要是新农村社区,而迁移意愿则主要是中小城镇。据调查,居住预期是新农村社区的农民比例为 51.98%,迁移意愿是中小城镇的农民比例为 39.83%。二是 90% 以上的农民都希望子女居住的城镇等级不比自己低,也可以说,被调查农民的迁移意愿普遍不低于预期。三是农民迁移意愿是大城市和北上广的比例高于农民居住预期是这些城市的比例。对于省会郑州和北上广而言,农民迁移意愿是这些城市的比例为13.24%,高于农民居住预期是这些城市的比例(2.64%),可见大城市和北上广对农民的吸引力仍在。

(3)在农民向城镇迁移的过程中,城镇等级体系中的建制镇的吸引力不足,中小城市是吸纳农民城镇迁移的重要枢纽。一是对于居住预期仍在农村(包括传统农村社区和新农村社区)的农民来说,在向城镇迁移过程中,县城成为大多数的首选。据调查,预期居住在传统农村社区的被调查农民中,迁移意愿排前两位的分别为居住预期地点(38.69%)和县城(29.56%);预期居住在新农村社区的被调查农民中,迁移意愿排前两位的仍分别为居住预期地点(56.61%)和县城(17.40%)。与此同时,地级市新乡作为居住在传统农村社区和新农村社区农民的迁移意愿地的比例分别为17.15%和7.43%,这表现出县城对吸纳人口的重要性。二是对于居住预期仍在农村(包括传统农村社区和新农村社区)的农民来说,建制镇对农村人口的吸引力不强。据调查,建制镇作为居住在传统农村社区和新农村社区农民的迁移意愿地的比例分别为3.28%和2.09%,这体现出一种跨越城镇化的意愿,或者说小城镇的过渡作用并不强。

(4)对预期居住为较低等级城市的被调查农民来说,表现出轻微的梯度迁移的意愿。一是在居住预期地点为县城的农民中,迁移意愿地仍为县城的所占比例最多,为72.86%,迁移意愿是高一等级城市(即新乡市区)的所占比例为14.29%,仅次于前者。二是在预期居住地为新乡市区的农民中,迁移意愿地仍为新乡市区的所占比例最多,为61.54%,迁移意愿是高一等级城市(即郑州)的所占比例为23.08%,仅次于前者。由此可以看出,对于预期居住地在县城和新乡市区的农民来说,高一等级的城市是其进一步城镇化的重要地区。

(5)新农村社区对农民定居预期和迁移意愿的吸引力远大于建制镇。一是农民的定居预期和迁移意愿在新农村社区的比例均远远高于建制镇。据调查,定居预期和迁移意愿在新农村社区的分别为51.98%和31.77%,定居预期和迁移意愿在建制镇的分别为2.28%和2.89%,两者相差悬殊。二是居住预期在建制镇的农民中有较大比例农民的迁移意愿是新农村社区,高于建制镇。据调查,居住预期在建制镇的农民中有33.33%的迁移意愿是新农村社区,仍在建制镇的比例是22.22%,相对较高等级城镇的比例是44.45%。三是居住预期在不同等级城市和农村的农民中,极少数农民的迁移意愿是建制镇,据调查,这一比例普遍不足8%,且总体上看,居住预期的城市等级越高,迁移意愿是建制镇的数量和比例越低。造成以上现象的原因,一方面是由于新农村社区在选址建设之初,便选择在经济发展基础较好、有产业配套、交通便利的村镇,在交通便利性和就业便利性上削弱了建制镇的优势;另一方面是由于新农村社区的房屋是新建造的,且有统一的设计、规划和布局,在社区环境和公共服务设施、基础设施方面又削弱了建制镇的优势。

表 4-7　农民城镇迁移意愿与预期匹配

迁移预期（本人可能定居地）		迁移意愿（希望子女的定居地）									
		传统农村社区	新农村社区	建制镇	县城	新乡市区	郑州	外省普通城市	外省省会	北上广	合计
传统农村社区	样本数	106	13	9	81	47	8	2	2	6	274
	比例/(%)	38.69	4.74	3.28	29.56	17.15	2.92	0.73	0.73	2.19	100
新农村社区	样本数	6	244	9	75	32	9	5	12	39	431
	比例/(%)	1.39	56.61	2.09	17.40	7.43	2.09	1.16	2.78	9.05	100
建制镇	样本数	0	6	4	1	1	2	0	0	4	18
	比例/(%)	0	33.33	22.22	5.56	5.56	11.11	0	0	22.22	100
县城	样本数	0	3	1	51	10	3	1	0	1	70
	比例/(%)	0	4.29	1.43	72.86	14.29	4.29	1.43	0	1.43	100
新乡市区	样本数	0	0	1	0	8	3	0	0	1	13
	比例/(%)	0	0	7.69	0	61.54	23.08	0	0	7.69	100
郑州	样本数	0	0	0	0	0	1	0	0	3	4
	比例/(%)	0	0	0	0	0	25.00	0	0	75.00	100
外省普通城市	样本数	0	0	0	0	0	0	0	0	0	0
	比例/(%)	0	0	0	0	0	0	0	0	0	0
外省省会城市	样本数	0	0	0	0	0	0	1	8	0	9
	比例/(%)	0	0	0	0	0	0	11.11	88.89	0	100
北上广	样本数	0	1	0	0	0	0	0	6	2	9
	比例/(%)	0	11.11	0	0	0	0	0	66.67	22.22	100

4.5　农民城镇迁移行为的影响因素

根据本书模型设计的总体思路(见 3.3.3 部分),研究从人力资本、经济资本和土地资产三个方面构建解释变量的指标体系,同时选取相应的关联变量和控制变量。人力资本中反映"教育水平"的变量有被调查者学历、家庭成员的最高学历,反映"见识水平"的变量有家庭外出务工率和党员、干部。模型中反映经济资本的变量是家庭年均纯收入。土地资产中包括宅基地面积、农地面积。关联变量中包括就业类型。控制变量中包括性别、年龄。

4.5.1　农民城镇迁移预期的影响因素

研究分别构建了两个模型分析农民城镇迁移预期的影响因素。

模型 I：被解释变量为 Y-YUQI1（城镇迁移预期），反映的是农民是否预期城镇化，预期在农村赋值 0，在城镇赋值 1。构建的是二分类 Logit 模型，有效样本数为 664 个。

模型 II：被解释变量为 Y-YUQI2（城镇迁移预期），反映农民预期的城镇化等级，预期在建制镇赋值为 1，县城赋值 2，新乡市区赋值 3，新乡市外赋值 4，北上广赋值 5。构建的是有序多分类 Logit 模型，有效样本数为 81 个。

在影响农民城镇迁移预期的人力资本因素中，反映"教育水平"的变量为被调查农民本人的学历。这是由于农民城镇迁移预期调查的是农民认为自己未来一定时期内的居住地点，是关乎其自身的决策。因此，在反映"教育水平"的人力资本变量的选取中，选择其自身的学历。

从城镇迁移预期的模型 I（表 4-8）的结果中可以看出：

（1）人力资本对农民是否预期向城镇迁移的影响。第一，教育水平的正向影响。被调查者的学历越高，认知水平越高，其预期向城镇迁移的可能性越大，尤其是大专及以上学历者。第二，见识水平的正向影响。一方面，家庭外出务工率越高，表明该家庭的外向度越高，其预期向城镇迁移的可能性越大；另一方面，家中有党员、干部的农民，其预期向城镇迁移的可能性越大，但这种特征在统计上不显著。

（2）经济资本和土地资产对农民是否预期向城镇迁移的影响。第一，经济资本的正向影响。农民家庭年均纯收入越高，表明该农民家庭越有能力支撑其城镇化，其预期向城镇迁移的可能性越大。第二，土地资产的负向影响。一方面，拥有宅基地面积越大，其预期向城镇迁移的可能性越小；另一方面，拥有农地面积越大，其预期向城镇迁移的可能性越小。

（3）就业因素对农民是否预期向城镇迁移的影响。农民在就业类型上越脱离农业，其预期向城镇迁移的可能性越大，尤其是全职非农就业的农民预期向城镇迁移的可能性较大。

（4）个体特征对农民是否预期向城镇迁移的影响。第一，性别。男性预期向城镇迁移的可能性比女性大，但这种特征在统计上并不显著。第二，年龄的负向影响。年龄越年轻的农民更加活跃，其预期向城镇迁移的可能性越大。

表 4-8　城镇迁移预期的模型 I

		Coef.	Odds Ratio	P＞z	显著性
人力资本	学历 1	0.38	1.46	0.185	
	学历 2	2.29	9.84	0.001	＊＊＊
	家庭外出务工率	1.69	5.41	0.002	＊＊＊
	党员、干部	0.37	1.45	0.245	
经济资本	家庭年均纯收入	0.40	1.49	0.069	＊
土地资产	宅基地面积	−0.55	0.58	0.069	＊
	农地面积	−0.92	0.40	0.000	＊＊＊
关联变量	就业类型 1	0.34	1.40	0.291	
	就业类型 2	0.92	2.52	0.056	＊
控制变量	性别	0.48	1.61	0.243	
	年龄	−0.03	0.97	0.099	＊
常　数		−5.30		0.025	＊＊
Model		logistic regression			
Number of obs		664			
LR chi2(6)		71.13			
Prob＞chi2		0			
Log likelihood		−210.69			
Pseudo R2		0.14			

注：＊表示在 0.1 水平上显著，＊＊表示在 0.05 水平上显著，＊＊＊表示在 0.01 水平上显著。

从 OR 值来看,学历(大专及以上)对农民的城镇迁移预期影响最大,其次是家庭外出务工率,第三是就业类型(全职非农)。由此可见,人力资本(教育水平和见识水平)是农民城镇迁移预期的主要影响因素;就业对城镇迁移行为有重要的关联性影响。

从城镇迁移预期的模型 II(表 4-9)的结果中可以看出:

(1)人力资本对农民城镇迁移预期的等级性的影响。第一,教育水平的不显著影响。作为反映见识水平的两个变量在模型中均不显著,但总体上看被调查者的学历越高,城镇迁移预期的等级越高,大专及以上学历农民的预期相对更高。第二,见识水平的正向影响。一方面,家庭外出务工率越高,农民城镇迁移预期的等级越高;另一方面,家中有党员、干部的农民,城镇迁移预期的等级更高,但这种特征在统计上不显著。

(2)经济资本和土地资产对农民城镇迁移预期的等级性的影响。第一,经济资本的正向影响。农民家庭年均纯收入越高,表明该农民家庭越有能力支撑其城镇化,其城镇迁移预期的等级越高。第二,土地资产的混合影响。一方面,拥有宅基地面积越大,其城镇迁移预期的等级越低;另一方面,拥有农地面积越大,其城镇迁移预期的等级越高,但这种特征并不显著。

(3)就业因素对农民城镇迁移预期的等级性的影响。非农就业对农民城镇迁移预期的等级性的影响相对较为复杂,总体上看,兼业农民的城镇迁移预期的等级高。从模型上看,兼业务农农民的城镇迁移预期的等级高;相反,全职非农农民的城镇迁移预期的等级低,但这种特征在模型结果上并不显著。

(4)个体特征对农民城镇迁移预期的等级性的影响。总体上看,个体特征对农民城镇迁移预期的等级性的影响并不显著。从模型结果上看,第一,性别。男性的城镇迁移预期的等级比女性高,但这种特征在统计上并不显著。第二,年龄的负向影响。年龄越年轻的农民,其城镇迁移预期的等级越高,同样,这种特征在统计上并不显著。

从 OR 值来看,家庭外出务工率对农民的城镇迁移预期的等级性影响最大,且为正向影响,其次是就业类型(兼业务农),第三是家庭年均纯收入。由此可见,人力资本(尤其是见识水平)是影响农民城镇迁移预期等级性的主要因素;非农就业也对农民城镇迁移预期的等级性有重要的关联性影响;同样,农民家庭的经济水平也是支撑其向高等级城镇迁移的重要因素。

表 4-9　城镇迁移预期的模型 II

		Coef.	Odds Ratio	P>z	显著性
人力资本	学历 1	−0.25	0.78	0.688	
	学历 2	0.71	2.03	0.542	
	家庭外出务工率	2.12	8.35	0.049	＊＊
	党员、干部	0.88	2.42	0.217	
经济资本	家庭年均纯收入	0.96	2.61	0.072	＊
土地资产	宅基地面积	−1.34	0.26	0.038	＊＊
	农地面积	0.55	1.73	0.385	
关联变量	就业类型 1	1.22	3.38	0.068	＊
	就业类型 2	−0.24	0.79	0.797	
控制变量	性别	0.95	2.58	0.227	
	年龄	−0.01	0.99	0.724	
Model		Ordered logistic regression			
Number of obs		81			
LR chi2(6)		18.74			
Prob>chi2		0.0659			
Log likelihood		−65.34			
Pseudo R2		0.13			

注:＊表示在 0.1 水平上显著,＊＊表示在 0.05 水平上显著,＊＊＊表示在 0.01 水平上显著。

4.5.2　农民城镇迁移意愿的影响因素

研究分别构建了两个模型分析农民城镇迁移意愿的影响因素。

模型 I:被解释变量为 Y-YIYUAN1(城镇迁移意愿),反映的是农民城镇化的意愿,希望子女居住在农村赋值 0,在城镇赋值 1。构建的是二分类 Logit 模型,有效样本数为 664 个。

模型 II:被解释变量为 Y-YIYUAN2(城镇迁移意愿),反映农民城镇迁移意愿的城镇化等级,愿意在建制镇赋值为 1,县城赋值 2,新乡市区赋值 3,新乡市外赋值 4,北上广赋值 5。构建的是有序多分类 Logit 模型,有效样本数为 340 个。

在影响农民城镇迁移意愿的人力资本因素中,反映"教育水平"的变量为被调查农民家庭中的最高学历。这是由于农民城镇迁移意愿调查的是农民希望子女未来居住的地点,如前所述,由于中国特殊的养老模式,该问题可以用来反映农民的迁移意愿。同时也应看到,该意愿问题是关乎其自身和子女的决策,而子女往往也是家庭中受教育水平最高的人。因此,在反映"教育水平"的人力资本变量的选取中,选择家庭最高学历。

从城镇迁移意愿的模型 I(表 4-10)的结果中可以看出:

(1)人力资本对农民是否愿意向城镇迁移的影响。第一,教育水平的正向影响。被调查者家中最高学历水平越高,越愿意向城镇迁移,家庭最高学历为高中及以上的农民均更愿意向城镇迁移。第二,见识水平的不显著影响。作为反映见识水平的两个变量在模型中均不显著,但值得注意的是,家庭外出务工率对农民城镇迁移意愿表现出不显著的负向影响,家中有党员、干部的农民更愿意向城镇迁移。

(2)经济资本和土地资产对农民是否愿意向城镇迁移的影响。第一,经济资本的正向影响。农民家庭年均纯收入越高,表明该农民家庭越有能力支撑其城镇化,越愿意向城镇迁移。第二,土地资产的负向影响。一方面,拥有宅基地面积越大,越不愿意向城镇迁移,这种特征并不显著;另一方面,拥有农地面积越大,也越不愿意向城镇迁移,这种特征在模型中显著。

(3)就业因素对农民是否愿意向城镇迁移的影响。总体上说,农民在就业类型上越脱离农业,越愿意向城镇迁移,但是这种规律适用于脱离农业程度较高的农民。从模型结果上看,兼业务农农民相对不愿意向城镇迁移,虽然这种特征并不显著;而全职非农的农民则更愿意向城镇迁移,且这种特征显著。

(4)个体特征对农民是否愿意向城镇迁移的影响。第一,性别。女性比男性更愿意向城镇迁移。第二,年龄的负向影响。年龄越年轻的农民更加活跃,越愿意向城镇迁移。以上两个变量在模型结果中不显著。

从 OR 值来看,学历(高中、大专及以上)对农民的城镇迁移意愿影响最大,其次是家庭年均纯收入,然后是就业类型(全职非农)。由此可见,人力资本(尤其是教育水平)是农民城镇迁移意愿的主要影响因素,而经济资本也是农民在考虑城镇迁移意愿时关注的因素,此外就业对城镇迁移意愿有重要的关联性影响。

表 4-10 城镇迁移意愿的模型 I

		Coef.	Odds Ratio	P>z	显著性
人力资本	最高学历 1	1.15	3.15	0.000	* * *
	最高学历 2	1.32	3.75	0.000	* * *
	家庭外出务工率	−0.20	0.82	0.585	
	党员、干部	0.28	1.33	0.200	
经济资本	家庭年均纯收入	0.73	2.08	0.000	* * *
土地资产	宅基地面积	−0.01	0.99	0.940	
	农地面积	−0.90	0.41	0.000	* * *
关联变量	就业类型 1	−0.08	0.93	0.706	
	就业类型 2	0.72	2.06	0.048	* *
控制变量	性别	−0.26	0.77	0.269	
	年龄	−0.01	0.99	0.460	
常 数		−6.19		0.000	* * *
Model		logistic regression			
Number of obs		664			
LR chi2(6)		108.13			
Prob>chi2		0			
Log likelihood		−405.99			
Pseudo R2		0.12			

注:*表示在 0.1 水平上显著,* *表示在 0.05 水平上显著,* * *表示在 0.01 水平上显著。

从城镇迁移意愿的模型 II(表 4-11)的结果中可以看出:

(1)人力资本对农民城镇迁移意愿的等级性的影响。第一,教育水平的正向影响。被调查农家中最高学历越高,城镇迁移意愿的等级就越高,家中最高学历为大专及以上学历农民的意愿等级相对更高。第二,见识水平的混合影响。作为反映见识水平的两个因素在模型结果中均不显著,但可以从中看到见识水平的混合影响。一方面,家庭外出务工率越高,农民城镇迁移意愿的等级越高;另一方面,家中有党员、干部的农民,城镇迁移意愿的等级更低。

(2)经济资本和土地资产对农民城镇迁移意愿的等级性的影响。第一,经济资本的正向影响。农民家庭年均纯收入越高,表明该农民家庭越有能力支撑其城镇化,其城镇迁移意愿的等级越高。第二,土地资产的负向影响。一方面,拥有宅基地面积越大,其城镇迁移意愿的等级越低;另一方面,拥有农地面积越大,其城镇迁移意愿的等级越低,但这种特征并不显著。

(3)就业因素对农民城镇迁移意愿的等级性的影响。非农就业对农民城镇迁移意愿的等级性有正向影响,也就是说,非农就业的农民,其城镇迁移意愿的等级高,尤其是全职非农的农民。从模型上看,兼业务农农民的城镇迁移意愿的等级高,但模型结果并不显著;全职非农农民的城镇迁移意愿的等级高。

(4)个体特征对农民城镇迁移意愿的等级性的影响。总体上看,个体特征对农民城镇迁移意愿的等级性的影响并不显著。从模型结果上看,第一,性别。女性的城镇迁移意愿的等级比男性高,但这种特征在统计上并不显著。第二,年龄的正向影响。年龄越大的农民,其城镇迁移意愿的等级越高,同样,这种特征在统计上并不显著。

表 4-11　城镇迁移意愿的模型 II

		Coef.	Odds Ratio	P＞z	显著性
人力资本	最高学历 1	0.603	0.62	0.076	*
	最高学历 2	1.039	2.83	0.004	＊＊＊
	家庭外出务工率	0.527	1.69	0.215	
	党员、干部	−0.104	0.90	0.691	
经济资本	家庭年均纯收入	0.328	1.39	0.060	*
土地资产	宅基地面积	−0.457	0.63	0.030	＊＊
	农地面积	−0.044	0.96	0.833	
关联变量	就业类型 1	0.045	1.05	0.851	
	就业类型 2	0.405	1.50	0.274	＊＊
控制变量	性别	−0.103	0.90	0.711	
	年龄	0.003	1.00	0.834	
Model		Ordered logistic regression			
Number of obs		340			
LR chi2(6)		23.57			
Prob＞chi2		0.0147			
Log likelihood		−420.87			
Pseudo R2		0.03			

注:＊表示在 0.1 水平上显著,＊＊表示在 0.05 水平上显著,＊＊＊表示在 0.01 水平上显著。

从 OR 值来看,家中最高学历(大专及以上)对农民的城镇迁移意愿的等级性影响最大,其次是就业类型(全职非农),然后是家庭年均纯收入。由此可见,人力资本(教育水平)是影响农民城镇迁移意愿等级性的主要因素;非农就业也对农民城镇迁移意愿的等级性有重要的关联性影响;同样,农民家庭的经济水平也是支撑其向高等级城镇迁移的重要因素。

4.5.3　人力资本促进农民的城镇迁移

通过以上对农民城镇迁移预期和意愿的影响因素的分析,可以看出人力资本是影响农民是否迁移和迁移城镇等级性的重要因素。一方面,农民向城镇迁移的预期和意愿都主要受到农民人力资本(主要指教育水平)的影响;另一方面,农民向城镇迁移的预期和意愿的等级也均受到农民人力资本(主要指见识水平和教育水平)的影响。

首先,农民的受教育水平在很大程度上决定了农民是否愿意向城镇迁移。研究发现:大专及以上学历的农民,其向城镇迁移的预期越强烈;高中和中专及以上学历的农民,其向城镇迁移的意愿越强烈。教育是农民增长知识、获得技能、自我提升的重要途径,教育程度高的农民相对具有更好的理解能力和更多元的知识储备,能够适应的非农就业范围相对较广、工资收入相对较高,也有能力在以工业和第三产业为主的城市生存。因此,整体来说,农民的学历越高,其在城市谋得稳定的非农就业机会、获得稳定的非农就业收入的机会和能力越强,故更倾向于向城镇迁移。城镇迁移预期是指短期内向城镇迁移的可能性,城镇迁移意愿是指长期内向城镇迁移的可能性;从研究结果可以看出,大专及以上学历的农民短期内迁移的可能性大,而学历稍低一些的高中和中专及以上学历的农民,则在相对较长期内向城镇迁移。

其次,农民的人力资本也在很大程度上决定了农民向城镇迁移的等级性。研究发现:农民家中外出打工比率越高,其城镇迁移预期的等级性越高;农民的学历越高,其城镇迁移意愿的等级性越高。如前所述,教育程度越高,农民的人力资本积累越高,其就业能力、谋生能力均相对较高,也能够从事更为高端的非农生产活动。因此,在向城镇迁移过程中也愿意向较高等级的城镇迁移。农民通过外出打工,增长了见识,提高了非农就业技能,积累了非农就业经验,对与农村生活不同的城市生活方式有所了解。农民在外出打工过程中,接触到了更为现代化的生活方式和生活理念,在能够具备在城市谋得稳定非农就业机会的情况下,多数外出打工农民萌生了进城定居的想法。相对于一般农民来说,家中外出打工比率较高的农民,往往通过打工的经历已经获得在城市工作和生活的经验,若决定向城镇迁移和定居,则会选择走向相对较高等级的城镇。

4.6　本章小结

本章研究案例地区农民的城镇迁移行为。按照"特征—行为—影响因素"思路,分析农民城镇迁移行为的预期和意愿,比较主体特征和空间特征的差异,剖析农民迁移预期和迁移意愿的匹配关系。最后,构建二分类 Logit 模型和有序多分类 Logit 模型甄别农民城镇迁移预期和意愿的影响因素。本章有以下主要结论:

（1）中部粮食主产区以省内就近城镇化为主。绝大部分被调查农民愿意自身、愿意子女定居在省内的各等级城镇。农民城镇化有一定的地域性,体现出邻近特征,与东部大城市的异地城镇化有较大差别。

（2）县城是农民向城镇迁移的首要目的地。粮食主产区的县城大多有悠久历史,是传统的地区行政、经济和社会服务中心,处在城乡结合的交汇点上,最接近农村,在接受大城市辐射、带动乡镇发展中起着承上启下的作用。农民在向城镇迁移过程中首先选择县城。

（3）农民城镇化跨越建制镇一级。粮食主产区农民在城镇化过程中,往往愿意越过建制镇这一等级,而直接进入县城。粮食主产区的建制镇建设水平差,吸引力弱,与东部小城镇的快速发展存在巨大差别。

（4）新农村社区是城镇化中的一个有效过渡。新农村建设是一个归并村庄、优化乡村居民点的过程,本质上还是农民的住房建设。通过新农村建设,促进了乡村人口的适度集聚,有利于合理配置建设用地,实现集约紧凑发展,有利于提高农村公共服务设施建设的效益。

（5）城镇迁移行为的主体差异。年轻农民的迁移预期和意愿更为多元、更为外向。家庭年均纯收入 15 000—20 000 元,是农民心中进行城镇化迁移的门槛值。女性更向往高等级城镇。经济发展较好县市的农民,城镇迁移预期和意愿均较强烈。

（6）农民的迁移预期和迁移意愿紧密关联。从城镇等级上看,农民迁移意愿普遍高于迁移预期。

（7）影响农民迁移预期的因素主要是大专及以上教育水平、家庭外出务工率、家庭年均纯收入、宅基地面积、非农就业。影响农民迁移意愿的因素主要是家庭最高学历、家庭外出务工率、家庭年均纯收入、宅基地面积、非农就业。

第五章

粮食主产区农民非农就业行为研究

本章研究被调查地区农民的非农就业行为,包括不同特征农民就业的形式、从事的行业、就业的空间,如图 5-1。从空间匹配的角度,分析了农民预期居住空间和就业空间的关联性。研究特别剖析了年轻农民的就业特征,比较其与父辈的差异性。本章最后分析了影响农民,特别是年轻农民就业类型的因素。最后利用离散选择模型,主要从人力资本、经济资本、土地资产、居住/就业/土地相互关联、农民个体特征五个方面构建变量体系,考察农民非农就业行为的影响因素。

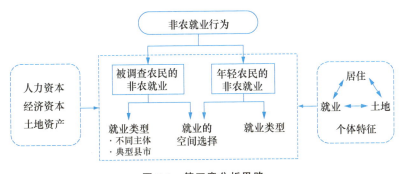

图 5-1 第五章分析思路

5.1 农民非农就业的类型选择

5.1.1 总体特征

1. 就业类型

农业农村部农村固定观察点办公室曾经依据农民收入构成,将农民分为四类:农业生产收入占家庭生产性收入80%以上的为纯农民,农业生产收入占家庭生产性收入50%~80%的为I类兼业农民,农业生产收入占家庭生产性收入20%~50%的为II类兼业农民,农业生产收入占家庭生产性收入低于20%的为纯非农民。本书在研究中,总结了农民就业的5种形式:① 全职务农农民,即完全从事农业生产,不从事第二、三产业;② 兼业打工农民,即在务农的同时打工或上班;③ 兼业经商农民,即在务农的同时经商或做买卖;④ 全职打工农民,即已经脱离农业生产、仅打工或上班的农民;⑤ 全职经商农民,即已经脱离农业生产、仅经商或做买卖的农民。其中,第②③类农民在农业生产的同时从事第二、三产业活动,是典型的"兼业农民";第④⑤类农民完全脱离农业生产,在就业上已经实现城镇化。

调查发现,农民就业的兼业化普遍存在,并以兼业务工为主(图5-2)。第一,粮食主产区的农民仍主要以农业生产为主。从调查结果来看,仍在从事农业生产的农民占被调查农民的比重为93%,其中全职务农农民比重仅为49%,兼业从事农业生产的农民比重为44%。第二,超过半数的粮食主产区农民从事过第二、三产业的生产活动。从调查结果来看,有从事第二、三产业生产活动的农民占被调查农民的比重为51%。第三,"兼业"是农民从事第二、三产业生产活动的主要方式。从调查结果来看,以兼业形式从事第二、三产业生产活动的农民比重为44%,完全脱离农业进入第二、三产业生产部门的农民比重仅为7%。第四,在逐渐脱离农业生产部门的过程中,打工或上班的就业类型是其首选。从调查结果来看,有39%被调查农民的就业类型是兼业打工,而兼业经商农民比重仅为5%,两者相差悬殊。与此同时,有5%被调查农民的就业类型是全职打工,而全职经商农民的比重仅为2%。

2. 非农就业的行业分布

客观地说,打工和经商形式内部也存在较大差别。调查中发现,上班、务工既可能是以建筑工人身份参与城市建设,也可能是从事快递物流或美容美发等生活服务行业;经商既可能是市场上的小摊贩,也可能是乡镇企业的老板。这使得研究需要进一步深入分析农民非农就业的具体行业。

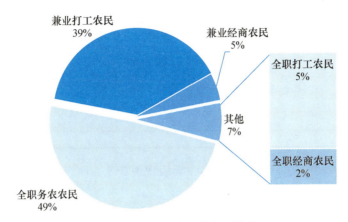

图 5-2　被调查农民的就业类型

研究将非农就业农民所从事的行业归总为制造业、建筑业、交通运输业、装修装潢业、销售业、住宿餐饮业、其他生活服务业 7 类,如表 5-1、图 5-3。其中,销售业包括电脑销售、建材销售、服装销售和其他批发零售,其他生活服务业包括保安、清洁保洁、快递物流、美容美发、文化艺术、休闲娱乐、金融保险、家政服务。部分农民在城镇打散工、找零活干,从事行业不明确或调整较为频繁,被归类为不固定行业。

表 5-1　被调查农民非农就业的行业分布

编　号	行　业	样本数	比　例/（%）
1	制造业	62	17.82
2	建筑业	170	48.85
3	交通运输业	19	5.46
4	装修装潢业	13	3.74
5	销售业	27	7.76
	建材销售	12	3.45
	服装销售	4	1.15
	电脑销售	1	0.29
	其他批发零售	10	2.87
6	住宿餐饮业	8	2.30
7	其他生活服务业	12	3.45
	保安	1	0.29
	清洁保洁	1	0.29
	快递物流	1	0.29
	美容美发	1	0.29

（续表）

编　号	行　业	样本数	比　例/(%)
	文化艺术	5	1.44
	休闲娱乐	0	0.00
	金融保险	2	0.57
	家政服务	1	0.29
8	不固定	37	10.63
	总　计	348	100

　　农民非农就业的行业分布特征,主要表现为3个方面。第一,以第二产业为主,建筑业最多。在脱离农业部门进入第二、三产业部门的过程中,粮食主产区的农民优先选择进入的是建筑业和制造业。在有非农就业的调查农民中,有48.85%从事建筑业,17.82%从事制造业。与全国的情况类似,建筑业在农民城镇化过程中占据重要位置,是农民进入非农产业部门的"先头部队"和"主力军"。第二,销售业是农民最主要从事的第三产业。在有非农就业的被调查农民中,7.76%从事销售业,特别是有3.45%从事与建筑业配套的建材销售业,占很大比重。第三,相当比例的农民从事的行业不固定。原始调查问卷中最初没有"不固定"选项,而是设有"其他"选项,在伴随问卷的抽样访谈中发现,农民之所以选择"其他"选项是没有固定的职业,无法选择其他具体行业,所以研究进行了调整。这类农民农闲时进城或就近打点零工,所从事的行业不固定,多为劳动密集型的行业,技术要求低、体力要求高。有10.63%的农民属于此类,比例上仅次于建筑业和制造业,其行为在案例区的粮食主产区具有一定的典型性。

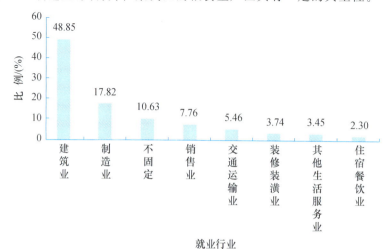

图 5-3　被调查农民非农就业的行业分布

3. 不同就业类型的行业差异

在有非农就业行为的农民中,不同的就业类型下,农民所从事的行业有明显差异,如表 5-2。就业类型是打工的主要集中在第二产业,就业类型是经商的主要集中在第三产业。一方面,对于兼业农民而言,在农业生产之余,以打工的形式进入非农产业部门时的主要行业是建筑业,以经商的形式进入非农产业部门时的主要行业是销售业。据调查,在就业类型是兼业打工的被调查农民中,有 55.51% 农民的就业行业是建筑业,其次是制造业,所占比例为 16.73%;在就业类型是兼业经商农民的被调查农民中,有 40.00% 农民的就业行业是销售业,其次是建筑业,所占比例是 23.33%。另一方面,对于脱离农业生产的农民,以打工的形式进入非农产业部门时的主要行业是建筑业,以经商形式进入非农产业部门时的主要行业是住宿餐饮和制造业。据调查,在就业类型是打工的被调查农民中,有 37.21% 农民的就业行业是建筑业;在就业类型是经商的被调查农民中,就业行业是住宿餐饮和制造业的比例均为 25.00%。

表 5-2　不同就业类型的行业差异

就业类型		就业行业								
		制造业	建筑业	交通运输业	装修装潢业	销售业	住宿餐饮业	其他生活服务业	不固定	小计
兼业打工农民	样本数	44	146	15	8	9	4	6	31	263
	占就业类型比例/(%)	16.73	55.51	5.70	3.04	3.42	1.52	2.28	11.79	100
	占就业行业比例/(%)	70.97	85.88	78.95	61.54	33.33	50.00	50.00	83.78	
兼业经商农民	样本数	3	7	3	1	12	1	1	2	30
	占就业类型比例/(%)	10.00	23.33	10.00	3.33	40.00	3.33	3.33	6.67	100
	占就业行业比例/(%)	4.84	4.12	15.79	7.69	44.44	12.50	8.33	5.41	
全职打工农民	样本数	12	16	1	4	5	0	3	2	43
	占就业类型比例/(%)	27.91	37.21	2.33	9.30	11.63	0	6.98	4.65	100
	占就业行业比例/(%)	19.35	9.41	5.26	30.77	18.52	0	25.00	5.41	

（续表）

就业类型		就业行业								
		制造业	建筑业	交通运输业	装修装潢业	销售业	住宿餐饮业	其他生活服务业	不固定	小计
全职经商农民	样本数	3	1	0	0	1	3	2	2	12
	占就业类型比例/(%)	25.00	8.33	0	0	8.33	25.00	16.67	16.67	100
	占就业行业比例/(%)	4.84	0.59	0	0	3.70	37.50	16.67	5.41	
合　计		62	170	19	13	27	8	12	37	348

5.1.2　不同年龄农民的就业特征

　　农业生产是农民的主要工作,在城镇化的大潮中,随着科技进步和农业生产技术的提高,农业生产所需的劳动力在减少,农民逐渐从农业生产活动转移到非农生产活动,在这种逐渐转移过程中,年龄特征明显。不同就业类型的年龄特征见图 5-4。

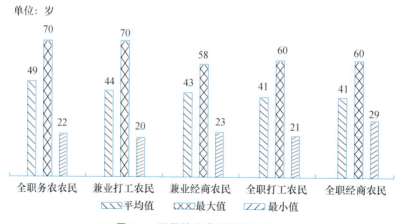

图 5-4　不同就业类型的年龄特征

　　不同就业类型的年龄特征明显,随着农民的就业类型按"全职务农—兼业务农—全职非农"的变化,农民的平均年龄逐渐减小。据调查,全职从事农业生产的农民平均年龄为 49 岁,以兼业形式(包括兼业打工和兼业经商)从事农业生产的农民平均年龄分别为 44 岁和 43 岁,而全职打工和全职经商农民的平均年龄为 41 岁。

从不同年龄段农民的就业类型来看,如图 5-5 所示,随着农民年龄的增加,完全从事农业生产的比重增加,而以兼业和脱离农业生产的形式进入第二、三产业部门的比重减少。第一,40 岁以下农民的主要就业类型是兼业打工,比例分别为 48.53%(20—30 岁)和 45.71%(31—40 岁);40 岁以上农民的主要就业类型是全职务农,比例分别为 46.18%(41—50 岁)、65.02%(51—60 岁)和 71.93%(61 岁及以上)。第二,年轻农民完全脱离农业生产的比例高。据调查,各年龄段中全职非农(全职打工和全职经商)的比例分别为 10.29%(20—30 岁)、12.85%(31—40 岁)、6.98%(41—50 岁)、3.95%(51—60 岁)和 0%(61 岁及以上)。

从不同年龄段农民的就业行业来看(表 5-3),在从事第二、三产业的农民中,随着年龄的增加,所从事行业的种类减少,从事第三产业的比重减少。第一,年轻农民从事第三产业的比例高。据调查,各年龄段中从事第三产业(除制造业和建筑业外的其余行业)的农民比例分别为 30.56%(20—30 岁)、39.29%(31—40 岁)、31.43%(41—50 岁)、31.37%(51—60 岁)和 11.11%(61 岁及以上)。第二,20—30 岁农民中绝大多数集中在建筑业和制造业,而第三产业中各行业的比例均衡,以住宿餐饮业的比例最多(为 2.78%);30—50 岁的农民中,不固定行业的比例增加,分别为 11.61% 和 12.14%;在 51 岁及以上农民中,就业行业的

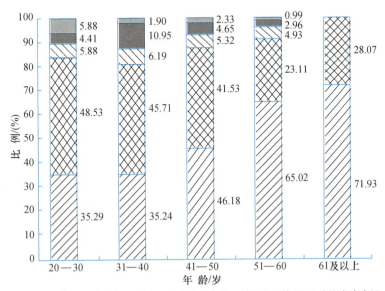

图 5-5　不同年龄农民的就业类型

种类有所减少,其中 61 岁及以上农民的就业行业种类减少明显。

表 5-3　不同年龄农民的就业行业

年　龄		就业行业								
		制造业	建筑业	交通运输业	装修装潢业	销售业	住宿餐饮业	其他生活服务业	不固定	小计
20—30 岁	样本数	10	15	2	2	2	3	1	1	36
	比例/(%)	27.78	41.67	5.56	5.56	5.56	8.33	2.78	2.78	100
31—40 岁	样本数	16	52	6	4	14	2	5	13	112
	比例/(%)	14.29	46.43	5.36	3.57	12.50	1.79	4.46	11.61	100
41—50 岁	样本数	27	69	8	7	7	2	3	17	140
	比例/(%)	19.29	49.29	5.71	5.00	5.00	1.43	2.14	12.14	100
51—60 岁	样本数	7	28	3	0	4	1	3	5	51
	比例/(%)	13.73	54.90	5.88	0	7.84	1.96	5.88	9.80	100
61 岁及以上	样本数	2	6	0	0	0	0	0	1	9
	比例/(%)	22.22	66.67	0	0	0	0	0	11.11	100
合　计		62	170	19	13	27	8	12	37	348

5.1.3　不同收入农民的就业特征

不同就业类型农民的平均收入相差较大,这在一定程度上加剧了农村中的贫富分化。随着农民从农业生产部门向非农生产部门转移,农民的收入水平也显著增加,这与三级产业的利润率密切相关。不同就业类型的收入特征见图 5-6。

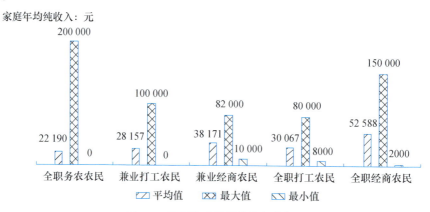

图 5-6　不同就业类型的收入特征

　　不同就业类型的家庭年均纯收入特征明显,随着农民的就业类型按"务农—兼业务农—全职非农"的变化,农民的家庭年均纯收入逐渐增加,其中经商或做买卖的收入高于上班或打工的收入。据调查,完全从事农业生产的农民家庭年均纯收入为22 190元,以兼业形式("务农＋上班或打工"和"务农＋经商或做买卖")从事农业生产的农民家庭年均纯收入的平均值分别为28 157元和38 171元,而脱离农业生产活动,就业类型是"上班或打工"和"经商或做买卖"的农民家庭年均纯收入的平均值为30 067元和52 588元。由此可见,农民在由农业生产部门向非农生产部门转移过程中,农民的收入水平有显著提升,其中自己创业的模式收入提升更为显著。

　　从不同收入水平农民的就业类型(图5-7)来看,随着农民家庭年均纯收入水平的增加,完全从事农业生产的比重减少,而以兼业和脱离农业生产的形式进入第二、三产业部门的比重增加。第一,收入水平在20 000元以下的被调查农民中,就业类型以务农为主,所占比例均在50%以上,其中收入水平在10 000元以下的农民中"务农"的比重最高(为64.15%)。第二,收入水平超过20 000元的被调查农民中,就业类型开始转向兼业,从事纯农业生产的比重不足50%;收入水平在20 001—30 000元的农民中兼业的比重为50.59%,较收入水平为15 001—20 000元农民中兼业的比重(37.89%)有跨越式的增加。第三,收入水平超过40 000元的被调查农民中,就业类型以兼业为主,比例分别为63.49%

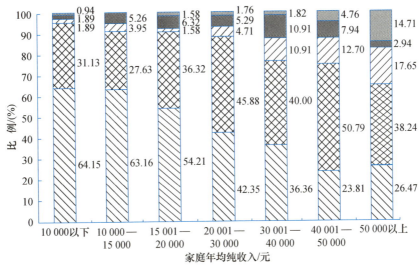

图5-7　不同收入农民的就业类型

（40 001—50 000 元）和 55.88%（50 000 元以上），而从事纯农业生产的比重已不足 30%。

从调查情况来看（表 5-4），处于不同收入水平的被调查农民中，从事的行业以建筑业为主；此外仍有不少农民从事制造业。对于收入水平在 15 001—40 000 元和高于 50 000 元的被调查农民，从事制造业的比重仅次于建筑业。但对于收入低于 10 000 元的被调查农民，从事建筑业的比重高达 67.65%，行业不固定的比重为 17.65%，居于第二位，而从事制造业的比重仅为 5.88%。对于收入在 40 001—50 000 元的被调查农民来说，除了主要在建筑业从业外，仍有 12.50% 选择从事销售行业。

表 5-4　不同收入农民的就业行业

家庭年均纯收入		制造业	建筑业	交通运输业	装修装潢业	销售业	住宿餐饮业	其他生活服务业	不固定	小计
10 000 元及以下	样本数	2	23	0	0	2	0	1	6	34
	比例/(%)	5.88	67.65	0	0	5.88	0	2.94	17.65	100
10 001—15 000 元	样本数	2	10	2	0	2	1	2	1	20
	比例/(%)	10.00	50.00	10.00	0	10.00	5.00	10.00	5.00	100
15 001—20 000 元	样本数	26	26	1	5	7	2	1	9	77
	比例/(%)	33.77	33.77	1.30	6.49	9.09	2.60	1.30	11.69	100
20 001—30 000 元	样本数	10	52	6	3	7	1	3	8	90
	比例/(%)	11.11	57.78	6.67	3.33	7.78	1.11	3.33	8.89	100
30 001—40 000 元	样本数	15	20	5	2	2	1	2	9	56
	比例/(%)	26.79	35.71	8.93	3.57	3.57	1.79	3.57	16.07	100
40 001—50 000 元	样本数	3	18	3	2	5	2	3	4	40
	比例/(%)	7.50	45.00	7.50	5.00	12.50	5.00	7.50	10.00	100
50 001 元及以上	样本数	3	13	1	0	2	1	0	0	20
	比例/(%)	15.00	65.00	5.00	0	10.00	5.00	0	0	100
合　计		61	162	18	12	27	8	12	37	337

5.1.4　不同性别农民的就业特征

在农民从传统的纯农业生产活动向第二、三产业部门转移的过程中，男性转移出来的比重高于女性。如表 5-5 所示，男性完全从事农业生产的比例是 45.79%，而女性的这一比例则高达 62.50%，男性和女性以兼业的形式从事第二、三产业的比重分别为 46.09% 和 32.51%，男性和女性完全脱离农业生产的比重分别为 8.12% 和 5.01%。与此同时，无论男性或女性，以打工的形式进入第二、三产业的比重均高于经商的比重。产生这种现象的原因是：第一，对于非农产业部门来说,男性较女性更有优势,男性能够更容易找到与体力相关的工作;第二,在家庭生活中,女性担负着照顾家庭的角色,更多是围绕家庭生活活动。由此也可以看出,在农民以家庭为单位的城镇化过程中,男性往往成为"先遣部队"进入非农产业部门,而"男工女农"的家庭模式也成为农民进入非农产业部门的重要形式。

表 5-5　不同性别农民的就业类型

性　别	比　例/(%)				
	全职务农农民	兼业打工农民	兼业经商农民	全职打工农民	全职经商农民
男	45.79	40.92	5.17	5.76	2.36
女	62.50	28.13	4.38	4.38	0.63

如表 5-6,进入非农产业的农民,主要从事第二产业,尤其是以建筑业居多,其次是制造业。两者相比,男性较女性更有体力优势,更多地选择从事建筑行业,故从调查结果可以看出,男性中进入第二产业部门的比例(67.66%)高于女性(60.41%),其中男性以从事建筑业为主,所占比例超过半数(50.33%)。与此同时,在进入非农产业部门的过程中,女性选择进入建筑业和制造业的比重较男性更为均衡,其中有 20.83%的女性进入制造业,这一比例高于男性的 17.33%。在低端制造业中,有相当大比例的低技术含量、高劳动密集的工作,这些工作需消耗大量时间手工操作,多为女工聚集,如卫生瓷厂的贴花工作。女性中从事第三产业的比例高于男性。据调查,女性中从事第三产业的比例为 33.33%,而男性中这一比例仅为 21.00%,尤其在住宿餐饮业和销售业中,女性更愿意从事清洁保洁、美容美发等类型的工作。

表 5-6　不同性别农民的就业行业

性　别		制造业	建筑业	交通运输业	装修装潢业	销售业	住宿餐饮业	其他生活服务业	不固定	小　计
男	样本数	52	151	19	10	21	4	9	34	300
	比例/(%)	17.33	50.33	6.33	3.33	7.00	1.33	3.00	11.33	100
女	样本数	10	19	0	3	6	4	3	3	48
	比例/(%)	20.83	39.58	0	6.25	12.50	8.33	6.25	6.25	100
合　计		62	170	19	13	27	8	12	37	348

5.1.5　不同农村社区农民的就业特征

新农村社区在规划建设过程中,注重配套产业的发展和建设。新农村社区在建设之初,多选择发展基础较好的村庄,要求有一定产业基础,或依托周边的产业集聚区。因此,新农村社区的建设在一定程度上促进了农村富余劳动力向非农产业部门的流动和转移,从本次调查结果中也有所体现。

从就业类型上看(图5-8),搬进新农村社区居住后,兼业农民的比例显著增加。第一,在未规划建设新农村社区的传统农村社区中,完全从事农业生产的农民为153人,占比达到55.43%,是传统农村社区农民的主要从业形式;在新农村社区中这一比例则有显著减少,对于即将搬进和已经搬进新农村社区的农民来说,全职务农农民分别为86人和171人,占比分别为46.49%和45.24%。第二,新农村社区农民的主要从业形式是兼业,即在从事农业生产的同时上班或打工、经商。据调查,已搬进新农村社区居住的农民中,兼业农民人数为192人,占比达到50.79%,在传统农村社区、即将搬进新农村社区的农民中,兼业农民分别为102人和72人,所占比例分别为36.96%和38.91%。第三,在搬进新农村社区后,兼业打工的就业类型大量增加,人数达到174人,占比达到46.03%。

图5-8　不同农村社区农民的就业类型

从就业行业上看(表5-7),新农村社区居住的农民从事第三产业的比重多于传统农村社区农民。第一,传统农村社区的农民从事第二产业的比例高达77.27%,其中以建筑业为主(71.59%),而从事制造业的比重仅为5.68%。同时,已经搬进新农村社区居住的农民中,从事第二产业的比例为57.31%,虽然仍是最主要的从业部门,但比例有明显下降,且在制造业(21.05%)和建筑业(36.26%)中的比例相对均衡。第二,已搬进新农村社区居住的农民中,从事第三产业的比例为24.56%,高于传统农村社区农民的这一比例(18.18%)。其中,以从事销售业、交通运输业和装修装潢业为主,三者的比例分别为8.19%、

7.60％和3.51％。第三,已搬进新农村社区居住的农民中,就业行业为"不固定"的比例高达18.13％。这主要是由于已建成的新农村社区多为在城市郊区、经济基础较好的村庄,农民进入第二、三产业的方式多为临时性的,也就是说根据城市中的需求选择临时工的形式,所从事的行业种类较多。

表5-7 不同农村社区农民的就业行业

农村社区类型		制造业	建筑业	交通运输业	装修装潢业	销售业	住宿餐饮业	其他生活服务业	不固定	小 计
传统农村社区	样本数	5	63	3	2	5	2	4	4	88
	比例/(％)	5.68	71.59	3.41	2.27	5.68	2.27	4.55	4.55	100
准新农村社区	样本数	21	45	3	5	8	2	3	2	89
	比例/(％)	23.60	50.56	3.37	5.62	8.99	2.25	3.37	2.25	100
新农村社区	样本数	36	62	13	6	14	4	5	31	171
	比例/(％)	21.05	36.26	7.60	3.51	8.19	2.34	2.92	18.13	100
合 计	样本数	62	170	19	13	27	8	12	37	348

5.1.6 典型县市农民的就业特征

同样,选择具有代表性的新乡县、获嘉县和封丘县作为不同区县差异分析的代表性案例县市。从调研结果上看,如图5-9,三个县市被调查农民的就业特征相差明显。

从就业类型上看,经济水平好的县市,农民脱离农业生产的特征更显著。第一,对于传统农业县的封丘县来说,被调查农民中完全从事农业生产活动的占50.00％,且在被调查的农民中没有出现脱离农业生产、全职打工或经商的农民。第二,作为经济发展基础较好的新乡县,完全从事农业生产的农民比例仅为25.71％,而兼业农民则占到了被调查农民的70.00％。第三,在新乡县和获嘉县中,均出现了完全脱离农业生产、全职打工的农民,虽然这一比例很小,但可以反映出一定的趋势。

从就业行业上看,对于经济基础较好、距离新乡市区较近的新乡县来说,在就业行业上具有显著的多样化和第三产业化的趋势,见表5-8。第一,新乡县的农民从事第三产业的比例和种类均较其余两个县市的高。据调查,新乡县从事第三产业的农民比例为25.97％,其余两个县的这一比例均为16.67％。第二,对于第二产业的两个主要就业行业(制造业和建筑业)来说,新乡县从事制造业的比例高于建筑业,这种现象与获嘉县和封丘县截然相反。据调查,新乡县的农民从事制造业和建筑业的比例分别为54.55％和9.09％,而获嘉县和封丘县均以建筑业为主,两者的比例分别为 73.33% 和 72.22%。出现这种现象的主要原因是,新乡县距离新乡市区近,有多个产业集聚区,产业的发展带动了周边农村中富余劳动力向非农产业部门尤其是制造业的转移。

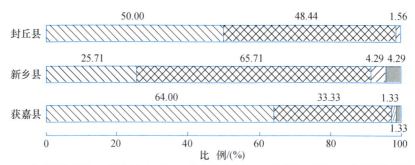

图 5-9　典型县市农民的就业类型

表 5-8　典型县市农民的就业行业

典型县市		制造业	建筑业	交通运输业	装修装潢业	销售业	住宿餐饮业	其他生活服务业	不固定	总　计
获嘉县	样本数	6	44	0	4	4	2	0	0	60
	比例/(%)	10.00	73.33	0	6.67	6.67	3.33	0	0	100
新乡县	样本数	42	7	1	4	11	0	4	8	77
	比例/(%)	54.55	9.09	1.30	5.19	14.29	0	5.19	10.39	100
封丘县	样本数	2	39	4	0	1	1	3	4	54
	比例/(%)	3.70	72.22	7.41	0	1.85	1.85	5.56	7.41	100

　　由于距新乡市区很近,新乡县农民从事非农产业活动的行业类型与新乡市区的需求和发展密切相关。调查中发现,新乡县部分新农村社区的农民在从事非农生产活动的过程中主要以当地流行的电动自行车为主要交通工具,使用这种便捷交通工具使农民更加方便地往返于新乡城区、县城和家之间,因此,白天上班打工、做买卖,晚上回家里睡觉的生活方式已成为当地普遍现象。但是,对于一般县市来说,往返于新乡市区和家之间并不容易,且产业的发展也较新乡市区有很大差距,制造业的从业机会不可相提并论。因此,在获嘉县和封丘县中,从事建筑业的农民是主体。综上所述,在经济基础较好、距离新乡市区较近的新乡县的农民中,就业行业出现了多样化和第三产业化的显著特征。

5.2 农民非农就业的空间选择

5.2.1 总体特征

被调查粮食主产区内,农民从事非农产业的空间范围,以新乡市内为主。如图5-10,农民在新乡市内从事非农生产活动的比例为72.18%,是被调查农民所从事的非农就业的最主要空间范围。农民从事非农就业的空间选择居于第二位的是河南省内其余城市,所占比例为16.25%。在省外城市打工或经商的比重仅为11.57%,其中在北上广的比例仅为0.28%。由此可见,农民在就近从事非农就业的地点选择上,有较明显的空间特征。

这与前人的研究(邓大才 等,2008)有所不同,从本研究的调查结果看,目前粮食主产区农民从事非农就业的地点选择,受到空间的限制很明显。造成这种现象的原因有两个:一方面,是由于调查时的宏观社会发展背景差异造成的;另一方面,由于本次调查的时间正好在农闲时期,这一时期也正好是农村富余劳动力外出打工期,调查中也发现部分家庭中的年轻劳动力都没有在家。但是,在本次调查设计之初,已考虑到外出打工高潮期的问题,故在问卷发放过程中,强调按照年龄、性别、收入进行分层抽样,因此调查结果在反映粮食主产区农民就近从事非农就业的特征和空间选择的问题上,仍然有一定的代表性。

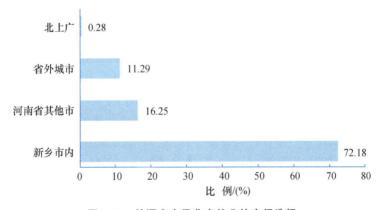

图 5-10　被调查农民非农就业的空间选择

对于不同就业类型的农民来说,在从事非农生产活动时的空间选择上有较大差异性,如图5-11所示。第一,兼业经商农民比兼业打工农民更容易受到空间距离的制约,据调查,前者在新乡市内的比重(83.7%)远高于后者(56.25%)。第二,兼业打工农民走出去打工选择较多,有占比12.50%的农民选择进入省外城市打工。在调查中发现,这种就业类型的农民多在农闲时外出打工,农忙时回乡耕种,是目前城市外来务工人员的重要来源。第三,兼业经商农民的主要活动空间集中在河南省内。这种形式的兼业农民,多数是在农业耕作之余自主创业、做一些买卖,此时,有共同且熟悉的社会文化环境的省内各城市成为这部分兼业农民的首选。第四,对于完全脱离农业生产的被调查农民,省内各城市成为其就业的主要空间范围。

图 5-11　不同就业类型农民的非农就业空间选择

不同县市农民的非农就业的空间选择见图 5-12。各县市农民从事非农就业的空间选择上有"在新乡市内集中"的共同特征,此外,也有各自的独特性,概括来说,不同县市农民在从事非农生产活动时的空间选择受到地理临近、交通和经济联系的共同影响。第一,新乡县临近新乡市区,公路交通便利,受到新乡市的经济辐射,多数农民在当地能够找到满意且稳定的工作,因此新乡县农民的非农就业空间选择在新乡市内的比例高达 88.89%,高于其余县市。第二,获嘉县地处新乡市和焦作市的交界处,受到新乡市和焦作市的共同经济辐射,因此受新乡市的经济影响较新乡县小;同时,有京广铁路和石太铁路(石家庄到太原)经过,是山西能源输出的口岸城市,便利的交通为当地农民提供了更多"走出去"的机会。因此,在调查中,获嘉县农民的非农就业空间选择在新乡市的比重不足半数(49.16%),是各县市中最小的,而选择在省外城市的比例则高达 38.98%,远高于其余县市。第三,作为传统农业县代表的封丘县,地处黄河北岸,与省会郑州隔河相望。在调查中发现,在黄河枯水期,部分河段处的黄河南北两岸直接相连,两岸的经济联系自古就较为密切,很多农民直接到郑州打工。因此,封丘县和原阳县的农民除了主要在新乡市内从事非农生产外,以河南省内其他城市作为其空间选择的主要区域范围。

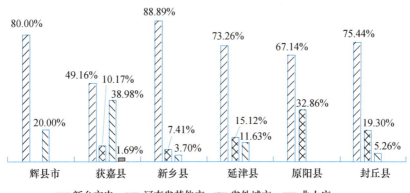

图 5-12　不同县市农民的非农就业空间选择

注：卫辉市没有符合条件的样本，故在图中并未列出。

5.2.2　不同主体农民的就业空间特征

不同年龄农民的非农就业的空间选择见图 5-13。从年龄上看，31—50 岁的农民在非农就业的空间选择上，范围较大。从调查结果来看，41—50 岁农民在新乡市以外从事非农就业的比重最高（为 30.07%），其次是 31—40 岁农民（该比例为 28.21%）。与此同时，这两个年龄段中，在河南省外城市从事非农就业的比重分别为 13.29% 和 12.82%，也高于其余年龄段。在 31—50 岁这一年龄

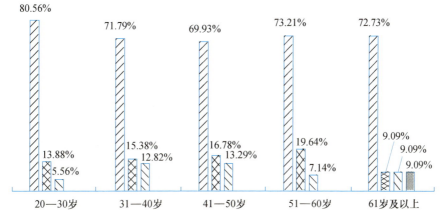

图 5-13　不同年龄农民的非农就业空间选择

段的农民,正是"上有老,下有小"的时期,肩负着养家糊口的重任,是家庭的主要劳动力,为增加家庭收入,选择到省外打工、到大城市打工的比例相对较高。

从性别上看,男性在从事非农就业时的空间选择范围更加广泛。如图 5-14,男性被调查者中,在新乡市以外从事非农就业的比例为 29.52%,而女性中这一比例为 16.67%。同时,男性中选择在省外城市从事非农就业的比例(11.75%)也高于女性(8.33%)。由此可见,女性在外出打工的空间选择上受空间的制约更大,更多地选择在新乡市内。

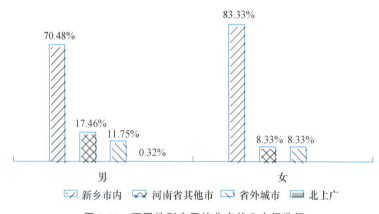

图 5-14 不同性别农民的非农就业空间选择

从不同类型的农村社区来看,新农村社区的建设,使农民在非农就业的空间选择上更趋于本地化。如图 5-15,从调查结果可以看到,传统农村社区中,在新乡市以外从事非农就业的农民比例接近半数(为 42.71%),远高于新农村社区

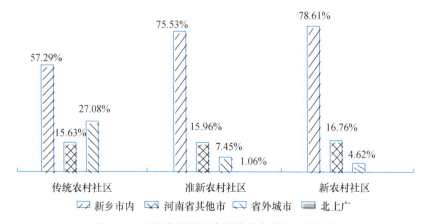

图 5-15 不同农村社区农民的非农就业空间选择

的这一比例(两类新农村社区中这一比例分别为 24.47％和 21.39％)。同时,传统农村社区中在省外城市从事非农就业的比例高达 27.08％,远高于新农村社区的这一比例。由此可见,农民从事非农就业的空间选择还是以本地为主,只有当本地无法提供非农就业机会的时候,才会选择外出打工。

5.2.3　农民就业与迁移的空间匹配

粮食主产区的农民仍主要以务农为主,随着农业技术的提高、农业机械化的普及,农村产生大量富余劳动力。在城镇化的大潮中,这部分富余劳动力通过打工、自主创业等不同形式进入非农产业部门,在增加家庭收入的同时,也为其城镇化做了前期准备,可见农民在非农就业时的空间选择在一定程度上与其未来城镇化的空间选择存在密切关联。

本书从不同的非农就业类型农民的城镇迁移预期和意愿、不同的非农就业地点选择时的城镇迁移预期和意愿两个方面研究农民非农就业与城镇迁移行为的空间匹配问题。

1. 不同的非农就业类型下农民的城镇迁移

不同就业类型下农民的城镇迁移预期和意愿存在较大差异,概括来讲,进入非农产业部门越充分,农民的城镇迁移倾向越大。主要表现在以下三个方面。

不同就业类型农民的城镇迁移预期和城镇迁移意愿分别见表 5-9 和表 5-10。兼业农民向城镇迁移的倾向比完全从事农业生产的农民大。一方面,从城镇迁移预期上看,全职务农农民中迁移预期是城镇的比例仅有 8.83％,而兼业打工农民和兼业经商农民中迁移预期是城镇的比例分别为 19.32％和 19.05％,两者相差较大。另一方面,从城镇迁移意愿上看,全职务农农民中迁移意愿是城镇的比例仅有 48.51％,而兼业打工农民和兼业经商农民中迁移意愿是城镇的比例分别为 57.94％和 57.15％。

已脱离农业生产的农民比兼业农民拥有更高的城镇迁移预期和意愿。一方面,全职打工农民中有 23.91％的农民对自己的居住预期是各等级城镇,而全职经商农民中这一比例更高达 41.17％,较兼业打工农民(19.32％)和兼业经商农民(19.05％)有明显提高。另一方面,全职打工农民和全职经商农民中迁移意愿是各等级城镇的农民比重分别为 68.89％和 76.47％,也远高于兼业打工农民(57.94％)和兼业经商农民(57.15％)中的这一比例。

经商的农民比打工的农民有更强的城镇迁移倾向。第一,从城镇迁移预期来看,经商农民的城镇迁移预期高。主要表现在两个方面。一方面,兼业打工农民中有 3.74% 的农民居住预期是在乡镇,而居住预期在县和县级市以上等级城市的比例为 15.58%。与之不同的是,兼业经商农民中有 19.05% 农民的居住预期是在县和县级市以上等级城市,没有出现预期居住在乡镇的样本。另一方面,全职经商农民中有 41.17% 的农民预期居住在各等级城镇,高于全职打工农民中的这一比例(23.91%),与此同时,全职经商农民中预期居住在乡镇镇区的比例小于全职打工农民中的这一比例。第二,从城镇迁移意愿来看,经商农民的城镇迁移意愿高。一方面,兼业打工农民的城镇迁移意愿主要集中在县城,所占比例为 28.97%。与之相比,兼业经商农民的城镇迁移意愿则主要集中在新乡市区,所占比例为 19.05%,而希望迁移到北上广的比例也为 19.05%。另一方面,全职经商农民中有 76.47% 的迁移意愿是各等级城市,高于全职打工农民中的这一比例(68.89%)。虽然这两类农民的城镇迁移意愿均主要集中于县城和新乡市区,但全职经商农民显然更为集中。此外,在兼业经商农民和全职经商农民中,均未出现迁移意愿是乡镇镇区的样本,这与兼业打工农民和全职打工农民存在很大差异。

经商的农民,对城镇的依赖性更强,同时也拥有更高的收入,因此,全职经商农民对自己城镇迁移预期高。

表 5-9　不同就业类型农民的城镇迁移预期

就业类型		传统农村社区	新农村社区	乡　镇	县　城	新乡市区	郑　州	省外城市	北上广	小　计
全职务农农民	样本	157	215	3	22	0	0	6	5	408
	比例/(%)	38.48	52.70	0.74	5.39	0	0	1.47	1.23	100
兼业打工农民	样本	86	173	12	31	10	2	3	4	321
	比例/(%)	26.79	53.89	3.74	9.66	3.12	0.62	0.93	1.25	100
兼业经商农民	样本	10	24	0	6	1	1	0	0	42
	比例/(%)	23.81	57.14	0	14.29	2.38	2.38	0	0	100
全职打工农民	样本	22	13	3	6	2	0	0	0	46
	比例/(%)	47.83	28.26	6.52	13.04	4.35	0	0	0	100
全职经商农民	样本	3	7	1	5	0	1	0	0	17
	比例/(%)	17.65	41.18	5.88	29.41	0	5.88	0	0	100
合　计		278	432	19	70	13	4	9	9	834

表 5-10　不同就业类型农民的城镇迁移意愿

就业类型		传统农村社区	新农村社区	乡　镇	县　城	新乡市区	郑　州	省外城市	北上广	小　计
全职务农农民	样本	69	139	9	94	37	10	20	26	404
	比例/(%)	17.08	34.41	2.23	23.27	9.16	2.48	4.95	6.44	100
兼业打工农民	样本	32	103	14	93	38	11	14	16	321
	比例/(%)	9.97	32.09	4.36	28.97	11.84	3.43	4.36	4.98	100
兼业经商农民	样本	5	13	0	5	8	1	2	8	42
	比例/(%)	11.90	30.95	0	11.90	19.05	2.38	4.76	19.05	100
全职打工农民	样本	11	3	1	11	11	3	1	4	45
	比例/(%)	24.44	6.67	2.22	24.44	24.44	6.67	2.22	8.89	100
全职经商农民	样本	0	4	0	5	5	1	0	2	17
	比例/(%)	0	23.53	0	29.41	29.41	5.88	0	11.76	100
合　计		117	262	24	208	99	26	37	56	829

2. 不同非农就业地点下农民的城镇迁移

不同就业地点农民的城镇迁移预期和城镇迁移意愿分别见表 5-11 和表 5-12。通过分析农民非农就业与城镇迁移两者在空间选择上的关系,发现在本地从事非农就业的农民其城镇迁移的行为更稳定。对于在省内从事非农就业的农民来说,越远离现居住地,其城镇迁移的倾向越小,而对于在省外从事非农就业的农民来说,比较倾向于向县城城区迁移。

由此可见,对于能在现居住地周边谋求到打工或经商出路的农民,更希望就近城镇化。从调查结果来看,在新乡市内从事非农就业的农民中有 16.47% 的居住预期是高等级城镇,远高于在河南省其他城市从事非农就业的农民(仅为 5.08%)。在省外城市从事非农就业的农民中有 26.83% 的农民居住预期是在高等级城镇,且以县城为主。在新乡市内和到河南省其他市工作的人,迁移预期是新农村社区的多。在外省工作的人,更希望在县城。迁移意愿相当广泛,在市内工作的人,总体上比较均匀,各等级城镇都有,主要预期在市区内。

表 5-11　不同就业地点农民的城镇迁移预期

就业地点		传统农村社区	新农村社区	乡　镇	县　城	新乡市区	郑　州	省外城市	北上广	小　计
新乡市内	样本	79	139	11	24	7	0	0	1	261
	比例/(%)	30.27	53.26	4.21	9.20	2.68	0	0	0.38	100
河南省其他市	样本	15	41	0	3	0	0	0	0	59
	比例/(%)	25.42	69.49	0	5.08	0	0	0	0	100

（续表）

就业地点		传统农村社区	新农村社区	乡　镇	县　城	新乡市区	郑　州	省外城市	北上广	小　计
省外城市	样本	16	14	1	10	0	0	0	0	41
	比例/(%)	39.02	34.15	2.44	24.39	0	0	0	0	100
北上广	样本	0	0	0	1	0	0	0	0	1
	比例/(%)	0	0	0	100	0	0	0	0	100
合　计		110	194	12	38	7	0	0	1	362

表 5-12　不同就业地点农民的城镇迁移意愿

就业地点		传统农村社区	新农村社区	乡　镇	县　城	新乡市区	郑　州	省外城市	北上广	小　计
新乡市内	样本	29	86	12	69	40	9	7	9	261
	比例/(%)	11.11	32.95	4.60	26.44	15.33	3.45	2.68	3.45	100
河南省其他市	样本	4	28		14	6	3	2	1	58
	比例/(%)	6.90	48.28		24.14	10.34	5.17	3.45	1.72	100
省外城市	样本	12	5	1	15	8	0	0	0	41
	比例/(%)	29.27	12.20	2.44	36.59	19.51	0	0	0	100
北上广	样本	0	0	0	1	0	0	0	0	1
	比例/(%)	0	0	0	100	0	0	0	0	100
合　计		45	119	13	99	54	12	9	10	361

5.3　年轻劳动力的就业意愿

对于粮食主产区的农民来说，在城镇谋得稳定的就业以获得稳定的收入来源是其城镇化的基础。尤其是对于年轻的劳动力来说，由于文化素质的普遍提高以及城镇化大趋势的带动，不希望完全禁锢于农地已成为当代中国农村年轻劳动力中普遍存在的思想，而这也是年轻劳动力走出农业生产部门，走向第二、三产业部门，走出农村、走向城市的起点。因此，对粮食主产区来说，调查年轻劳动力的就业意愿一方面有助于分析未来从事农业生产的劳动力情况，另一方面更重要的是对未来农民的城镇化趋势预判有所指导。

基于以上考虑，本次调查中着重对农民家庭中年轻劳动力的就业意愿进行分析和研究。调查中选取最为年轻的一部分农村劳动力作为调查对象，年龄范围在20—30岁之间。问卷中的调查问题是"家中20—30岁成员对他/她未来5年的工作形式有怎样的计划"。着重从就业类型、就业地点两个方面展开对农民家庭中年轻劳动力就业意愿的调查。

5.3.1 年轻劳动力对就业类型的意愿

通过对年轻劳动力就业类型的调查,发现愿意做全职务农农民(以种地为主)的有 10%,愿意做兼业打工农民(种地的同时,上班或打工)的有 27%,愿意做兼业经商农民(种地的同时,自己当老板经商或做买卖)的有 19%,愿意做全职打工农民(只上班或打工)的有 31%,愿意做全职经商农民(只自己当老板)的有 13%。

在城镇化的大趋势下,农村中的年轻劳动力不再被完全束缚在土地上,更愿意参与到第二、三产业部门的生产活动中,虽然不完全脱离农业生产的兼业形式是年轻农民的主要选择,但完全脱离农业生产的全职打工或经商已经成为可预见的趋势。第一,农村中的年轻劳动力就业类型以兼业为主。从调查结果可以看出,现在农村的年轻劳动力中,愿意做兼业农民的比例为 46%,是最主要的形式;其次是愿意全职打工或全职经商的农民,共占被调查者的 44%;而愿意全职从事农业生产活动的年轻农民仅占 10%。第二,与各年龄段农民样本总体相比,完全脱离农业生产而全职打工或经商的年轻农民比重有飞跃式增长。从调查结果来看,完全脱离农业生产而全职打工或经商的年轻农民比重分别为 31%和 13%,远高于农民样本总体中的全职打工和全职经商农民的比重(分别为 5%和 2%)。第三,年轻劳动力在进入非农产业部门的过程中,更多地选择了上班或打工的形式。从调查结果来看,在兼业农民中,兼业打工农民所占比重为 27%,高于兼业经商农民(19%);在完全脱离农业生产的农民中,全职打工农民所占比重(31%)也高于全职经商农民所占比重(13%)。由此可见,较长期来看,兼业农民将成为未来农村富余劳动力的主要就业类型,而打工仍是年轻农民参与第二、三产业生产活动的主要方式。

虽然很多研究均表明当代年轻农民对土地的感情已淡薄很多,但从本调查的结果来看,土地(可以说是耕地或农地)对于年轻一代的农民来说,仍是比较重要的。据调查,年轻农民中仍愿意从事农业生产活动的比重为 56%,虽然与全部年龄段农民样本总体的比例(93%)相比,有很大下降,但仍超过半数。但是,也应该看到,年轻农民对土地的依赖程度确实在降低,农业生产活动仅仅是其从事生产活动中的一部分,而有相当比例的年轻农民更愿意不再耕种土地而全职去打工或经商,以更多地增加家庭收入。年轻农民中愿意完全从事农业生产活动的比重已相当少,仅占年轻农民总样本的 10%。以"兼业"形式参与农业生产的比重(46%)与样本总体的这一比重(44%)相比则没有明显变化,其中,愿意兼业打工的年轻农民比重(27%)较样本总体(39%)有较明显的下降趋势,而愿意兼业经商的年轻农民比重(19%)较样本总体(5%)则有明显的增加趋势。

本研究认为,年轻劳动力对自身未来就业类型的选择受到其现状就业和家庭的双重影响。也就是说,一方面,年轻劳动力现状的就业类型影响了其对未来就业类型的计划和意愿,另一方面,来自父辈就业类型的影响也促使年轻劳动力形成了对自身未来就业的计划和意愿。因此,本研究拟从以下两方面详细分析。

1. 年轻劳动力现状和未来就业类型的关联

在调查中发现,部分兼业打工农民或兼业经商农民在经历一段时间稳定的打工或经商后,有更进一步脱离农业生产的倾向。土地能够为农民提供基本的生活保证,所以调查中发现农民们基本都不愿意放弃自己的土地,按照被调查农民的话来说,有了自家的耕地后"不管咋弄,至少有饭吃吧",因此,在保留自家耕地的基础上打工或者经商的兼业形式是农民们的首选。但是,在城镇化的大潮下,随着周围到城镇定居的亲朋好友的增多,一些兼业农民在非农产业领域有了稳定收入来源后,也考虑着放弃自家的耕地,完全去打工或经商。虽然土地(主要指耕地)能够为农民提供基本的生活保障,但是由于种地的体力投入大但收入相对少,很多农民在有了相对稳定的非农收入来源后,都考虑不再耕地了。按照被调查农民自己的话来说,"现在种地都不赚钱了,多少打个工都比种地赚得多""现在谁想种地啊,要不是在城里赚不来钱,谁种啊"。而事实上,有些年轻农民(以男性为主)基本上大部分时间和精力都投入到了非农生产活动上了,仅在农忙的时候到农地耕作,平时耕地的日常耕作由家中父母、妻子管理,或直接交由亲戚或邻居帮忙管理。

■■ 案　例

张某,53岁,新乡县古固寨镇祥和社区,两个儿子都外出打工,有一个孙女、一个孙子。

"现在的年轻人啊,哪里会种地啊,都不下地了,整天从地上过,连看都不看,麦收的时候都不管。那他上班嘞,也忙他的,都不用他管都中,不中了,找门上的人来帮忙弄弄都中了。"

年轻劳动力现状就业类型和其未来就业类型选择的关联见图 5-16,可以看出,年轻劳动力未来的就业类型选择与当前就业类型有很强的相关性。第一,现在全职务农的年轻农民中,41.67％的人对自己未来就业类型的计划仍是全职务农,同时有相同比例年轻农民的计划是兼业打工,兼业经商的比例仅为16.67％,没有年轻农民的样本对自己未来就业类型的计划是全职打工或全职经商。也就是说,全职务农的年轻农民未来的就业类型不能脱离农业生产活动。第二,现在兼业打工的年轻农民中,有32.00%的人对自己未来就业类型的计划仍是兼业打工,其次是全职打工(所占比例为28.00%),此外兼业经商的比重也较高(24.00%),但是也出现了少量样本(占8.00%的比例)是完全返回农业部门,成为全职务农农民。也就是说,兼业打工的年轻农民未来就业类型仍主要围绕打工。第三,现在兼业经商的年轻农民中,有75.00%的人对自己未来就业类型的计划是全职经商,而剩余25.00%的年轻农民则仍是兼职经商。由此可见,对于兼业经商的年轻农民来说,经商仍是其主要的就业类型。第四,对于全职打工的年轻农民来说,有66.67%的人对自己未来就业类型的计划仍是全职打工,此外出现了33.33%的人对自己未来就业类型的计划是兼业经商。第五,全职经商的年轻农民的全部样本对自己未来就业类型的计划仍是全职经商。

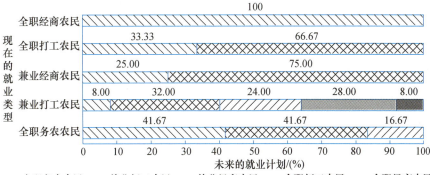

图 5-16　年轻农民现状和未来计划的就业类型的关联

从以上分析可以看出,对于粮食主产区的年轻农民来说,如果是通过打工的形式进入非农产业部门,则是不太稳定的状态,相反经商则是相对非常稳定的状态。尤其对于兼业打工的农民来说,打工仅仅是其暂时性的工作状态,因此在后续发展中,会选择更为多样化的就业类型,如返回农业(简称“返农”)、转为经商。虽然通过打工的方式已经进入第二、三产业部门,但由于工作机会不稳定,打工收入也不确定,而相比之下,农业则提供了相对稳定的保障,因此对于兼业打工的年轻农民来说,仍存在较大的返农的可能性。同时,在发展过程中,部分能够谋得稳定打工机会的年轻农民,更倾向去全职打工。当然部分年轻农民也会选择风险性更高的就业类型,即经商。因此,对于打工的农民来说,就业类型存在多向的变化趋势。而对于经商的农民来说,则不存在以上问题,因为一般来说经商获得的收入高于打工,且经商有相对的持续性,不会因为打工机会的缺少而产生不稳定的收入。因此,对于经商形式的农民来说,未来更倾向于脱离农业生产而全职经商。

2. 年轻劳动力父辈和自身就业类型的关联

本研究中发现年轻劳动力对自身就业类型的计划与其父辈们的就业类型有一定关联性,也就是说受到了来自家庭的影响。差距比较明显的就是父辈是全职务农和全职经商的案例。对于全职务农的父辈们来说,没有离开过土地,并不熟悉除了耕地以外其他的工作,再者由于年事已高,也不具备从事非农生产活动的基本能力,就仅在农村安心种地。按照农民自己的话来说,"也不知道出去干啥,也都不会干,就会种地""都老了,干不动,不中用了,找不到活"。在这种家庭的氛围下,年轻一代的农民从父辈那里得不到从事非农生产活动的经验,能看到的最多也就是乡亲们有外出打工的,因此,对于父辈们是全职务农的年轻农民来说,对自身未来就业类型的计划也局限于土地之上,或者继续全职务农,或者兼业打工。但是,对于父辈们是全职经商的年轻农民来说,情况则完全不同。父辈们在经商过程中,往往会带着自己的孩子们。在潜移默化和社会实践中,这部分年轻劳动力已经具备了继续经商所需的一些基本素质和经验,况且经商的收入远远超过了务农的收入,这部分年轻劳动力已经很难再回归到农业生产中。按照农民自己的话来说,"出去跑跑比种地强""现在这生意做着还行,将来孩子们也乐意干,就给他们干"。在上述调查基础上,为进一步考察年轻劳动力父辈的就业类型与其未来就业类型选择的关联,研究构建关联表进行分析。

年轻劳动力父辈和自身就业类型选择的关联见图 5-17,可以看出,年轻农民自身的就业选择多是在父辈就业选择的基础上稳步向非农化推进的。第一,父辈是全职务农的年轻农民中,希望自己将来兼业经商的最多(比例为 28.31%),其次是希望自己将来能全职打工(比例为 25.57%),而希望继续全职务农的比重仅为 12.79%,希望自己全职经商的比重仅为 10.50%。由此可见,父辈是全职务农的年轻农民,有逐渐稳步脱离农业的趋势。第二,父辈是兼业打工的年轻农民中,最希望自己是全职打工或上班(比例为 38.24%),其次是希望自己仍能继续兼业打工(比例为 30.15%)。第三,父辈是兼业经商的年轻农民中,最希望自己兼业打工(比例为 45.45%),其次是全职经商(比例为 22.73%)。兼业经商的农民,往往处于资本的原始积累阶段,存在较大的风险,同时所从事的也多为收益相对不太高的小本生意,因此年轻农民更希望能够去兼业打工或全职经商。第四,父辈是全职打工的年轻农民,希望自己将来兼业打工或全职打工,两者所占比例相近,分别为 37.50% 和 31.25%。第五,父辈是全职经商的年轻农民,更希望自己未来能继续这种就业类型,所占比例为 50%。其次是希望自己全职上班或打工,而这种打工已不再是低水平的打工,而是谋求更加稳定的就业,如考取公务员、进入国企或事业单位等。

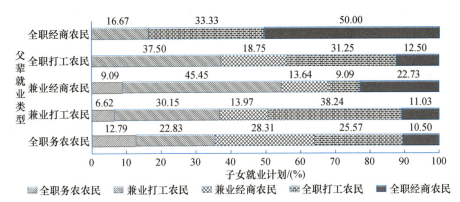

图 5-17 农民家庭中父辈和子女就业类型的关联

从以上分析可以看出,代际之间逐渐从农业向非农产业就业过渡的明显趋势。城镇化是发展的大趋势,劳动力从农业向非农业部门转移也是必然的趋势,对于现在的农村年轻劳动力来说,在父辈的基础上更进一步向非农产业转移。随着农业耕作中机械化的普及以及耕作技术的提高,亩均劳动力需求量大幅下降,对于农民家庭来说,妇女或者少数中老年劳动力已完全能够胜任,同时,在追逐更大收益的驱使下,年轻劳动力希望能够脱离农业,从事收益更高的行业,因此在务农的同时打工或经商,逐步变为兼业农民,进而全职打工或经商。在调查中也发现,这个过程中存在一定的反复性,如从全职打工或经商变为兼业打工或经商,但总体来看完全返回农业的很少,且总体呈现逐步脱离农业的趋势。

5.3.2 年轻劳动力对就业地点的意愿

从本次调查结果来看,目前粮食主产区农村的年轻劳动力仍主要愿意在新乡市内谋得非农就业的机会,由此可见,我国粮食主产区目前的城镇化主要是以在本地为主的就近城镇化。据调查,农民家庭中年轻劳动力对自己未来非农就业地点的选择上绝大多数希望在新乡市内,这一比例高达84%,而愿意在河南省内其他城市的比例则占9%,在省外城市的有6%,愿意到北上广谋求非农就业机会的仅占到1%。对于农民个人来说,安土重迁和家庭为重的思想仍占据主要位置,相比而言,农民更希望能够在周边城市谋得能有满意收入的非农就业机会,而不愿意去更远更高等级的城镇去谋生,因为那样对于他们来说成本太高难以实现,一方面是远离家人的成本,另一方面是在大城市的生活成本。按农民自己的话来说就是"家都在这里,跑那么远干啥呢"。因此,对于调查地区的年轻农民来说,在本地就近从事非农产业的意愿更为强烈。

对于粮食主产区的年轻农民来说,无论选择怎样的就业类型,其主要选择的就业范围都在新乡市内。年轻农民的就业类型和地点见表 5-13。但对于选择不同就业地点的农民来说,其就业类型有一定规律性。从调查结果可以看出,选择各种就业类型的农民都有 65％以上选择在新乡市内寻找非农就业机会,其中选择兼业经商的年轻农民中更是有 92.44％都选择在新乡市内。与此同时,调查结果也显示,在新乡市内从事非农就业的农民以全职打工和兼业打工为最多(两者所占比例分别为 35.56％和 30.33％),在河南省内其他城市从事非农就业的农民以兼业打工为主(所占比例为 45.1％),在省外城市的则以全职打工为主(所占比例为 41.38％),而在北上广的则以全职经商为主(所占比例为 85.71％)。可见,就业地点越远离家乡的农民,其就业的非农化程度越高。

表 5-13　年轻农民的就业类型和地点

		新乡市内	河南省其他市	省外城市	北上广	小　计
种地＋上班/打工	样本数	145	23	4	1	173
	行比例/(％)	83.82	13.29	2.31	0.58	100
	列比例/(％)	30.33	45.10	13.79	17.29	
种地＋自己当老板	样本	110	7	2	0	119
	行比例/(％)	92.44	5.88	1.68	0	100
	列比例/(％)	23.01	13.72	6.90	0	
只上班/打工	样本	170	12	12	0	194
	行比例/(％)	87.63	6.19	6.19	0	100
	列比例/(％)	35.56	23.53	41.38	0	
只自己当老板	样本	53	9	11	6	79
	行比例/(％)	67.09	11.39	13.92	7.59	100
	列比例/(％)	11.09	17.65	37.93	85.71	
合　计		478	51	29	7	565

总体上看,农村中年轻农民在非农就业地点选择的问题上,以就近为主要原则,现在的就业地点与未来就业地点的相似度较高,父辈与子辈就业地点略有差异。如图 5-18 所示,现在非农就业地点在新乡市内的农民中有 83.33％未来也会在此从事非农就业,现在非农就业地点在河南省其他城市和省外城市的农民中均有一半比例的农民仍保持现在的选择。由此可见,年轻农民在非农就业地点的选择上有一定的路径依赖,即与当前的非农就业地点相关。而子辈的就业地点选择与父辈的关联性不显著。如图 5-19 所示,父辈在新乡市内和河南省其他城市从事非农就业的农民中,子女非农就业地点的选择更多是在新乡市内,而父辈们在省外城市从事非农就业的,子女非农就业地点的选择更多也是在省外城市。由此可见,对于父辈在相对较近距离、相似人文环境的河南省内从事非农

就业的年轻农民来说,更多愿意在新乡市内,而父辈一旦走出河南省,子女则也有很大可能选择在河南省外工作。

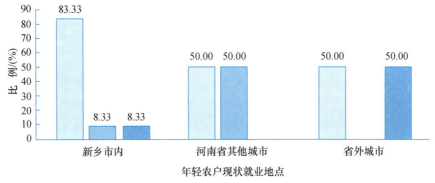

图 5-18　年轻农民现在和未来计划的就业地点的关联

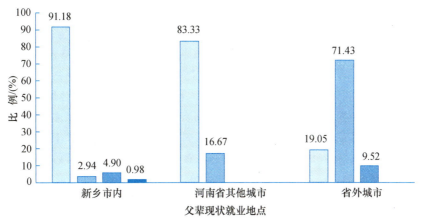

图 5-19　农民家庭中父辈和子女就业地点的关联

5.4　农民非农就业行为的影响因素

根据本书模型设计的总体思路(见 3.3.3 部分),研究从人力资本、经济资本和土地资产三个方面构建解释变量的指标体系,同时选取相应的关联变量和控制变量。人力资本中反映"教育水平"的变量是被调查者学历，反映"见识水平"的变量有家庭外出务工率和党员、干部。模型中反映经济资本的变量是家庭年均纯收入，土地资产中包括宅基地面积、农地面积。关联变量中包括城镇房屋、新农村社区。控制变量中包括性别、年龄。

5.4.1　农民就业类型的影响因素

研究构建了有序多分类 Logit 模型，分析被调查农民就业类型选择的影响因素。被解释变量是被调查者的就业类型（Y-JIUYE），反映被调查农民职业的非农化程度。该变量是有序多分类变量，全职务农的赋值为 1，兼业务农的赋值为 2，全职非农的赋值为 3。有效样本数为 664 个。

从农民就业类型影响因素的模型结果（表 5-14）中可以看出：

（1）人力资本对农民非农就业的影响。第一，教育水平的正向影响。被调查农民的学历越高，其就业类型的非农化程度越高，尤其是大专及以上学历的农民在就业上从事非农化的工作。从模型结果来看，学历（大专及以上学历）的 OR 值为 33.02，远高于其余变量。第二，见识水平的正向影响。一方面，家庭外出务工率越高，农民就业类型的非农化程度越高；另一方面，家中有党员、干部的农民，就业类型的非农化程度更高，但这种特征在模型结果中并不显著。

（2）经济资本和土地资产对农民非农就业的影响。第一，经济资本的正向影响。农民家庭年均纯收入越高，农民就业类型的非农化程度越高。当然，就业类型和收入两者的关系也存在相互的影响。第二，土地资产的混合影响。一方面，拥有宅基地面积越大，农民就业类型的非农化程度越高；另一方面，拥有农地面积越大，农民就业类型的非农化程度越低。以上两者在模型结果中均显著。

（3）居住因素对农民非农就业的影响。农民的居住因素对其就业类型的非农化存在正向影响。一方面，在城镇有购房的农民，其就业的非农化程度更高；另一方面，在新农村居住的农民，其就业的非农化程度也较高。从模型结果上看，以上两者均显著。

（4）个体特征对农民非农就业的影响。第一，性别。男性在就业类型上的非农化程度明显比女性高。从模型结果上看，性别（男）的 OR 值为 4.21，相对较高，说明在非农就业上，男性比女性的优势显著。第二，年龄的正向影响。年龄越年轻的农民，其就业类型上的非农化程度越高。

从 OR 值来看，在不考虑控制变量的情况下，被调查农民的学历（大专及以上）对农民就业类型的非农化程度的影响最大，其次是家庭外出务工率，然后是居住因素（城镇购房）。由此可见，人力资本（教育水平、见识水平）是影响农民非农就业的主要因素，居住因素也对农民非农就业有重要的关联性影响。

表 5-14　农民就业类型影响因素的模型

		Coef.	Odds Ratio	P＞z	显著性
人力资本	学历 1	0.82	2.26	0.000	＊＊＊
	学历 2	3.50	33.02	0.000	＊＊＊
	家庭外出务工率	1.11	3.02	0.003	＊＊＊
	党员、干部	0.28	1.32	0.198	
经济资本	家庭年均纯收入	0.66	1.94	0.000	＊＊＊
土地资产	宅基地面积	0.88	2.41	0.000	＊＊＊
	农地面积	−0.52	0.60	0.002	＊＊＊
关联变量	城镇房屋	0.91	2.49	0.005	＊＊＊
	新农村社区	0.37	1.45	0.055	＊
控制变量	性别	1.44	4.21	0.000	＊＊＊
	年龄	−0.07	0.94	0.000	＊＊＊
Model		Ordered logistic regression			
Number of obs		664			
LR chi2(6)		240.75			
Prob＞ chi2		0			
Log likelihood		−488.10			
Pseudo R2		0.20			

注：＊表示在 0.1 水平上显著，＊＊表示在 0.05 水平上显著，＊＊＊表示在 0.01 水平上显著。

5.4.2　年轻农民就业类型的影响因素

研究构建了有序多分类 Logit 模型分析年轻农民就业类型选择的影响因素。被解释变量是被调查农民家中年轻农民的就业类型（Y-QNJIUYE），反映的是被调查农民家庭中 20—30 岁的年轻农民的就业类型。该变量是有序多分类变量，全职务农的赋值为 1，兼业务农的赋值为 2，全职非农的赋值为 3。有效样本数为 529 个。从填写的问卷来看，被调查者与家庭中 20—30 岁年轻农民的关系有两种，一种是父子关系，即被调查者是父辈，年轻农民是其子女；另一种是本人关系，即被调查者就是作为因变量的年轻农民。

从年轻农民就业类型影响因素的模型结果（表 5-15）中可以看出：

（1）人力资本对年轻农民非农就业的影响。第一，教育水平的正向影响。学历越高，年轻农民就业类型的非农化程度越高。第二，见识水平的正向影响。一方面，家庭外出务工率越高，年轻农民就业类型的非农化程度越高；另一方面，家中有党员干部的年轻农民，就业类型的非农化程度更高。

表 5-15 年轻农民就业类型影响因素的模型

		Coef.	Odds Ratio	P＞z	显著性
人力资本	学历 1	0.75	2.11	0.000	＊＊＊
	学历 2	−0.55	0.58	0.365	
	家庭外出务工率	0.90	2.47	0.022	＊＊
	党员、干部	0.44	1.55	0.072	＊
经济资本	家庭年均纯收入	0.20	1.22	0.180	
土地资产	宅基地面积	0.76	2.15	0.001	＊＊＊
	农地面积	−1.16	0.31	0.000	＊＊＊
关联变量	城镇房屋	0.29	1.34	0.404	
	新农村社区	0.02	1.02	0.917	
控制变量	性别	0.01	1.01	0.971	
	年龄	−0.01	0.99	0.460	
Model		Ordered logistic regression			
Number of obs		529			
LR chi2(6)		96.88			
Prob＞ chi2		0			
Log likelihood		−446.57			
Pseudo R2		0.10			

注：＊表示在 0.1 水平上显著，＊＊表示在 0.05 水平上显著，＊＊＊表示在 0.01 水平上显著。

(2) 经济资本和土地资产对年轻农民非农就业的影响。第一，经济资本的不显著影响。虽然作为反映经济资本的农民家庭年均纯收入变量，在模型结果中并不显著，但是可以看到，家庭年均纯收入越高，年轻农民就业类型的非农化程度越高。第二，土地资产的混合影响。一方面，拥有宅基地面积越大，年轻农民就业类型的非农化程度越高；另一方面，拥有农地面积越大，年轻农民就业类型的非农化程度越低。以上两者在模型结果中均显著。

(3) 居住因素对年轻农民非农就业的影响。从模型结果上看，居住因素对年轻农民就业类型的非农化影响并不显著。但是可以看出，家中在城镇有购房的年轻农民，其就业的非农化程度更高；在新农村社区居住的年轻农民，其就业的非农化程度也较高。

(4) 个体特征对年轻农民非农就业的影响。从模型结果上看，个体特征对年轻农民就业类型的非农化影响并不显著。第一，性别。年轻的男性农民在就业类型上的非农化程度明显比年轻的女性农民高。第二，年龄。年龄越小的年轻农民，其就业类型上的非农化程度越高。

从 OR 值来看,家中外出务工率对年轻农民就业类型的非农化程度影响最大,其次是宅基地面积,然后是学历(高中)。由此可见,人力资本(见识水平、教育水平)是影响年轻农民非农就业的主要因素;土地资产(宅基地面积)也对年轻农民非农就业有重要影响。

5.4.3 人力资本促进农民的非农就业

通过以上对农民非农就业类型和年轻农民就业类型的影响因素的分析,可以看出,无论是被调查农民本身,还是农民家庭中的年轻农民,影响其非农就业的关键性因素都是人力资本,即教育水平和见识水平。

首先,农民的教育水平直接关系到农民的就业技能。研究中采用农民的学历水平来反映农民人力资本中的受教育水平。教育和学习是人类获得高技能高能力的主要手段,也是人们增长和积累自身人力资本的重要途径。通过教育能够使农民获得更高的就业技能,尤其在科技快速发展的现代社会,通过较高的教育能够促使农民获得更适应社会进步和社会发展的就业技能、获得更好的非农就业机会,教育已成为人们提高自身人力资本的重要方式。此外,受教育程度高的农民对非农就业有更多的选择空间,因此在非农就业类型、行业、时间、职位、区位等方面有更多的主导权,即教育水平能够综合提高农民的非农就业选择能力。

其次,农民的见识水平直接关系到农民的发展观念。研究中通过农民家庭中外出务工率和是否有党员、干部来反映农民人力资本中的见识水平,其中外出务工率对农民非农就业的影响显著。农民通过外出打工积累了非农就业经验,提高了非农就业技能。更重要的是,农民通过外出打工能够更充分地接触到农村以外的现代化城市社会,这种文化和发展的差异给农民自身带来更多的机会,有助于转变农民原有的发展观念。调查中也发现,很多年轻农民在外出打工若干年后,往往不愿再完全从事农业生产,而更希望在农业生产的同时能够从事一些第二、三产业,而这种发展的观念在未外出打工的农民中则相对不多。由此可见,通过外出打工,充分接触现代化的工业社会,能够打开农民的眼界、增长其见识水平,从而转变农民的发展观念和思路,这对于促进农民进一步进入非农产业部门有重要作用。

5.5 本章小结

本章研究案例地区农民的非农就业行为。按照"特征—行为—影响因素"思路,研究被调查农民的就业和农民家庭中年轻劳动力的就业情况,并比较非农就业行为的主体差异和空间特征。最后,构建有序多分类 Logit 模型,对被调查农民和年轻农民的非农就业行为的影响因素进行分析。本章有以下主要结论:

(1)兼业是农民普遍存在的就业形式,除农业外主要从事建筑业和制造业。案例地区全职务农的农民不足半数,大量农民兼职从事非农产业。在第二产业内,主要从事建筑业和制造业,这也是农民从事最多的两个行业;在第三产业内,主要从事零售业。同时,大量存在农闲时"打零工"、行业不固定的现象。

(2)非农就业的空间选择以本地新乡市内为主。40—50 岁的中年男性农民,在非农就业的空间选择上更为广泛。

(3)新农村社区建设促进农民的非农就业。新乡市在开展新农村建设过程中,配套建设产业集聚区,鼓励农村富余劳动力向非农产业部门转移,促进了农民非农就业空间选择更加趋于本地化。

(4)非农就业促进城镇迁移行为。从就业地点和迁移预期的耦合看,农民越是完全离开农业,越可能向城镇迁移。农民越是在本地从事非农行业,越可能向城镇迁移。

(5)年轻农民非农就业受父辈和职业路径影响。一方面,年轻农民在父辈就业选择的基础上稳步向非农化推进,代际之间逐渐从农业向非农就业过渡。另一方面,部分兼业打工或兼业经商的年轻农民在经历一段时间稳定的打工或经商后,可能会完全脱离农业生产。

(6)影响农民非农就业的主要因素是学历、家庭外出务工率、家庭年均纯收入、宅基地面积、农地面积、在城镇购置有房屋以及性别和年龄。影响年轻农民非农就业的主要因素是学历、家庭外出务工率、家庭有党员和干部、宅基地面积、农地面积。

第六章

粮食主产区农民土地流转行为研究

本章着重研究农民重要财产——宅基地和农地的使用和流转,包括农民宅基地和农地的现状,农民对其土地资产的产权意识,宅基地退出的需求、意愿、原因和补偿形式,农地流转的意愿、原因。最后利用离散选择模型,主要从人力资本、经济资本、土地资产、居住/就业/土地相互关联、农民个体特征五个方面构建变量体系,考察农民土地流转行为的影响因素(图 6-1)。

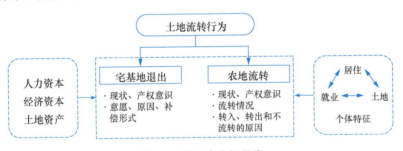

图 6-1 第六章分析思路

6.1 农民土地资产的基本情况

我国农村地区以集体所有制经济为主,村集体所拥有的财产主要有资源性资产(包括集体建设用地、耕地、林地等土地资源)、经营性资产(包括厂房和商铺等固定资产、长期投资的其他资产)、非经营性资产(包括学校等公益性资产)。对于农民家庭而言,最重要的财产是分得的承包地和宅基地,这些是保障农民衣食用住行的根本。中国共产党十八届三中全会明确提出要赋予农民更多的财产权利。在农民的城镇化过程中,其财产的转化对农民个人的城镇化有重要意义。

6.1.1　宅基地情况

对农民来说,农村宅基地具有生产和生活的双重功能。被调查地区农民家庭的宅基地数量符合"一户一院"的标准,但户均宅基地面积超标的现象普遍。

(1)宅基地数量。《土地管理法》规定,农村村民一户只能拥有一处宅基地。据调查,90.91%的农民拥有一处宅基地,也有因特殊原因而拥有两到三处宅基地的,一般是由于子女结婚组成新的家庭,但这一比例很少,拥有两处宅基地的农民比例为 7.81%,拥有三处宅基地的农民比例为 1.28%。总体来看,被调查农民的户均宅基地数量是 1.1 处,基本符合"一户一院"的标准。

(2)宅基地面积。《土地管理法》规定,农民家庭的户均宅基地面积不得超过省、自治区、直辖市规定的标准。根据《河南省农村宅基地管理办法》和《河南省〈土地管理法〉实施办法》中农村居民宅基地用地标准的规定,新乡市户均宅基地面积最多不超过 0.3 亩。

如图 6-2 所示,农民中符合这一要求的比例仅为 30.35%,剩余 69.65%的农民户均宅基地面积均超标。在超标现象普遍的同时,超标面积也较大。据调查,农民中户均宅基地面积在 0.3—0.5 亩的比重为 40.08%,户均宅基地面积在 0.5　1 亩的比重为 25.35%,而户均宅基地面积超过 1 亩的比重较少(仅为4.22%),但仍存在这样的现象。长期来看,农民的户均宅基地面积是在逐渐减少的。本次调查中,农民的户均宅基地面积为 0.43 亩,相当于 287 平方米,而河南省 1996 年农民的户均宅基地面积为 423.64 平方米,2005 年是 381.29 平方米。

由上述分析可见,粮食主产区农村中仍存在"一户多宅"、非法占地的现象。但相比而言,农民的户均宅基地面积在减少,变得更加集约。

中国共产党十六届五中全会提出了建设社会主义新农村,新乡市响应国家政策号召,建设新农村社区,在很大程度上缓解了现在农村存在的"一户多宅"、非法占地的现象。如表 6-1 所示,传统农村社区中,农民户均拥有 1.15 处宅基地,超过被调查地区的平均水平(户均 1.1 处)。在新农村社区建设过程中,搬进新社区之前农民的户均宅基地数量是 1.10 处,拥有 1 处宅基地的农民占91.08%,搬进新社区之后变为户均 1.04 处,拥有 1 处宅基地的农民比重为97.81%。与此同时,新农村社区的户均宅基地面积也大幅减少。据调查,传统农村社区中,户均宅基地面积为 0.52 亩,超过被调查地区的平均水平(户均0.43 亩),符合 0.3 亩以下这一标准的农民比重为 17.35%;在新农村社区建设过程中,搬进新社区之前农民的户均宅基地面积为 0.58 亩,符合 0.3 亩以下这一标准的农民比重为 1.08%;搬进新社区之后农民的户均宅基地面积为 0.30

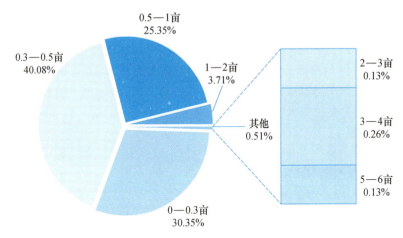

图 6-2　被调查农民宅基地面积

亩,符合标准,且符合标准的比例为 49.06%。由此可见,新农村社区的建设,在促进农村地区宅基地节约集约利用方面是卓有成效的。

表 6-1　不同农村社区农民的宅基地样本

样本特征		传统农村社区	新农村社区	
			搬进新社区前	搬进新社区后
宅基地数量	1 处	397	337	313
	2 处	59	30	2
	3 处	5	3	5
	总计	461	370	320
户均宅基地数量/处		1.15	1.10	1.04
宅基地面积	0—0.3 亩	80	4	157
	0.3—0.5 亩	160	159	153
	0.5—1 亩	188	146	10
	1—2 亩	29	59	0
	2—3 亩	1	1	0
	3—4 亩	2	1	0
	5—6 亩	1	0	0
	总计	461	370	320
户均宅基地面积/亩		0.52	0.58	0.30

6.1.2　农地情况

被调查农民的户均农地面积集中在 2—8 亩之间,其中以 4—6 亩的居多。

如图 6-3 所示,户均农地面积在 4—6 亩的农民比重为 31.3%,高于其余各项;其次,有 22.73% 农民家庭的户均农地面积在 2—4 亩之间;户均农地面积在 6—8 亩的农民比例为 20.59%。从调研中可以看到,户均农地面积在 10 亩以上的农民比重为 14.99%,这部分农民的家庭平均农地拥有量为 13.5 亩。根据被访谈农民对种田大户户均农地面积的认识,一般拥有 10 亩农地以上的农民家庭在周围农民中被认为是种田大户。

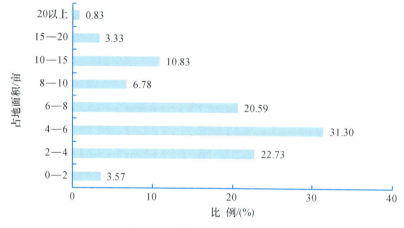

图 6-3 被调查农民农地面积

虽然农地以自耕自种为主,但也存在不同形式的流转。据调查,被调查农民中绝大多数都是自耕自种,其比例为 92.1%。此外也出现了如出租和转包等形式的流转(比例为 5.75%)。在被调查地的农村中,"找人代耕"是基于乡亲们的信任,在这种信任模式下,一般都是找邻居或者亲戚来代耕,这种现象曾经在农村地区比较普遍。但从这次调查结果来看,这种不规范的流转形式已经非常少了,仅占被调查农民的 2.16%。可见,农民对规范的流转形式日渐认同。

虽然农民了解"农业规模化经营",但愿意转入农地的农民并不多。在调研中普遍发现,当向农民询问是否了解国家提出的"农业规模化经营"时,大多数农民表示并不了解,但说到"国家鼓励耕地向种田大户手中集中"时,大部分农民表示知道和了解。在农民了解了国家提出的"农业规模化经营"政策后,对农民是否有农地流转的意愿进行了调查。结果发现,从目前情况来看,农民的农地流转意愿以"转出农地"为主流,而愿意"转入农地"的农民仍是少数。据调查,选择转出农地的农民比例为 63.45%,其次是不想流转的农民(比例为 21.71%),而愿意转入农地的农民比例仅为 14.84%。

6.1.3　土地权利意识

《土地管理法》《物权法》和《农村土地承包法》对农民的土地权利进行了明确的界定。对于农民来说,稳定的土地(农地和宅基地)是增强其对土地权利信心的重要条件。农民是非常淳朴的一个群体,对其所拥有的土地权利的认识并不深刻,只要不剥夺、保证其长期持有即可。但随着全社会对自身财产权利意识的加强,农民们的土地权利意识也出现了变化。

1. 对土地政策的了解

在实践中,由于宅基地的整理和变化往往与土地综合整治项目、新农村社区建设等相关,因此,调查中为了解农民对于实践过程中关于宅基地的相关政策的了解程度,设置一套有递进关系的问题进行调查。调查内容包括拆旧复垦会产生节余建设用地指标、哪些单位会在交易平台上购买这些指标、这些指标可以用于城市发展建设和新农村社区建设、指标价款的数量、指标价款的用途等。同样,为了解农民对国家提出的"农业规模化经营"政策的了解程度,设置问题"您对国家提出的'农业规模化经营'政策是否了解"。只有让农民了解过程的客观情况,才能使其做出理性、合理的选择,表达理性、合理的利益诉求。

农民对宅基地相关政策的了解程度见图6-4。农民对实践活动中关于宅基地相关政策的了解仅限于对宅基地整理的必要性方面,而对宅基地整理后节余的土地及其应用并不清楚,新农村社区的农民对全过程的了解程度略高于传统农村社区的农民。据调查,53.75%的被调查农民表示知道"为何对旧村进行拆旧和复垦",而原因则大多认为是为了节约用地。传统农村社区中知道该问题的比例为40.30%,而已搬入新农村社区居住的农民中知道该问题的农民比例则为60.64%。与之相反的是,在"是否知道复垦后可产生指标、是否知道指标可以交易、是否知道指标卖给了谁、是否知道城市需要用产生的指标"等问题上,绝大多数被调查农民则表示并不知道。对于这四个问题,表示知道的农民比重分别为24.24%、13.27%、4.17%和8.09%。以问题"是否知道复垦后可产生指标"为例,传统农村社区中知道该问题的农民比重仅为3.89%,而已搬进新农村社区的农民中知道该问题的比重则为34.70%,有显著提高。由此可见,当地政策宣传对农民的政策认知有重要影响,通过新农村社区的建设,能够增加农民对于宅基地相关政策的了解,但这种政策宣传力度仍需加大。

农民对"农业规模化经营"政策的了解程度见图6-5。多数农民是知道"农业规模化经营"这项新政策的,且新农村社区中了解这项政策的农民比传统农村社区多。从调查结果来看,有35.20%的农民表示知道"农业规模化经营"这项新政策,听说过但并不了解的农民也占到35.08%,而完全不知道该政策的农民比

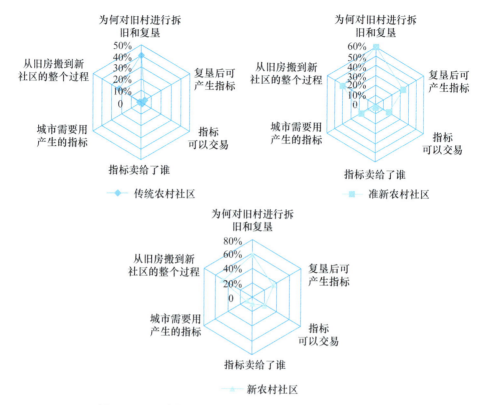

图6-4   不同农村社区农民对宅基地相关政策的了解程度

重为 29.72%。同样,在新农村社区中知道"农业规模化经营"政策的农民也明显高于传统农村社区。传统农村社区中有 22.18% 的农民知道该政策,与已搬进新农村社区的农民中知道该政策的比例(41.99%)相比,有较大差距。而传统农村社区中并不知道该政策的农民比重为 34.91%,已搬进新农村社区的农民中这一比例为 25.69%。

2. 土地产权态度

农民对宅基地和住房的财产权利保护意识较强。在对"您认为宅基证或房产证是否需要"问题的认识上,绝大多数农民都觉得需要,这一比例高达 83.19%,认为有没有宅基证或房产证都无所谓的农民比例为 12.01%,而认为根本不需要宅基证或房产证的农民仅有 4.80%。可见,农民对宅基地财产权利保护的意识还是非常强烈的,这也是进行宅基地确权登记的群众基础。

在农地流转环节,农民对农地流转合同所采取的方式多是书面协议和口头协议并存。据调查,农地的流转多发生于邻居、亲戚之间,因此采用口头协议这

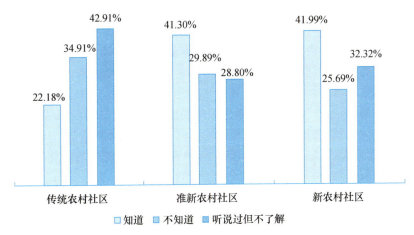

图 6-5　不同农村社区农民对"农业规模化经营"政策的了解程度

种方式的比例达到 47%。在农村社会中,由于居住空间接近而形成的信任体系,使得口头协议也成为农村地区被普遍认可的形式。按照农民自己的话来说"那有啥怕的,跑了和尚跑不了庙,家在这呢,谁都不会"(访谈的问题是:不签协议的这种口头上说说,您不怕将来对方不认账吗)。与此同时应该看到,在农村地区,以书面协议的形式进行农地流转仍是主要方式,据调查,这一比例达到53%,超过了半数。可见,即使在农村目前的信任体系下,以书面形式进行规范的农地流转也日渐成为农民普遍选择的方式。

6.2　农民宅基地退出的意愿

农村建设用地存量大,利用低效,潜力大。如何节约集约合理利用农村建设用地,盘活农村建设用地存量特别是宅基地存量,已经引起政府部门、专家学者的广泛关注。主流主张是放开宅基地流转,但必须充分尊重宅基地使用当事人的流转意愿,同时应结合我国现行的土地政策,寻求宅基地高效利用的实现途径,达到政府公共目标与农民私人目标协调统一。

被调查地区新乡市通过土地综合整治项目进行农村土地(宅基地和农地)的综合整理。一方面,通过对宅基地的整理,鼓励农民们集中居住,实现农村建设用地的节约集约利用。另一方面,通过农地的整理,增加农地面积,提高农地质量。新乡市通过土地综合整治项目得到的农村节余建设用地指标,通过新乡市土地矿业权交易中心进行流转。截至 2013 年 11 月初,土地指标市场已公开举办指标交易活动 11 场,成交 73 宗、共 2.13 万亩,指标价款收益总额达 10.51 亿元。

6.2.1 农民退出宅基地的意愿

本研究专门针对农民对其宅基地退出的意愿进行了调查。调研问卷中针对这一主题设置了两个问题。问题一:是否愿意退出宅基地进入城镇或新农村社区生活;问题二:若进城定居了,是否会考虑退出宅基地? 这两个问题的设置各有侧重点。问题一是将退出宅基地作为前提,将进入城镇或新社区居住作为目标,主要还是在调查农民进入城镇和进入新农村社区的意愿;问题二则以进城居住为前提,在假设已经进城定居的情况下,调查农民退出宅基地的意愿。结合这两个问题的调研结果,有助于对农民宅基地退出意愿进行研究。

宅基地作为解决农民住房问题的基本保障,农民普遍不愿意退出,并且传统农村社区的农民比新农村社区的农民更加不愿意退出。

在对"是否愿意退出宅基地进入城镇或新农村社区生活"问题的调查结果中,可以看到不同类型村庄存在较明显的差别。① 传统农村社区中哪里都不愿意去的农民是主流,占 60.45%,而愿意进入新农村社区居住的农民占 35.45%,愿意进入城镇居住的农民仅为 4.09%。② 对于即将搬入新农村社区的农民来说,情况则完全相反:愿意进入新农村社区居住的农民占 67.42%,而哪里都不愿意去的农民大幅减少,仅为 25.84%,与此同时,愿意进入城镇居住的农民比例也有一定提升,所占比例为 6.74%。③ 与以上两者相比,已经搬进新农村社区居住的农民,在对待进城居住这件事情上,更加有积极性,调查中发现有半数以上农民是愿意退出宅基地进入城镇生活的(所占比例为 52.59%)。

在对"若进城定居了,是否会考虑退出宅基地"问题的调查结果中,可以看到即使进城定居了,农民也普遍不愿意退出宅基地,新农村社区中的农民对该问题的接纳度较传统农村社区高。全部农民样本中,在进城定居后,不愿意退出宅基地的比例为 67.71%。在传统农村社区中,即使进城定居了也不愿意退出宅基地的农民比重为 82.67%,即将搬进新农村社区的农民中这一比例为 64.78%,而已经搬进新农村社区居住的农民中这一比例进一步减少,为 59.43%。不同农村社区农民中愿意退出宅基地的比例见图 6-6。

在不同类型村庄中出现的差别,主要是由村庄本身发展基础所决定的,发展基础好、较富裕的村庄农民对退出宅基地进入城镇生活的接纳度较高,相反,发展基础差、较贫穷的村庄农民更倾向于留守在原有的宅基地上不迁居。新乡市在进行新农村社区的规划建设时,一般首先选择发展基础较好的村庄。一方面这些村庄本身经济基础较好,农民普遍富裕;另一方面建成新农村社区后能够为农民提供一定就业机会。也就是说,新农村社区的建设往往依托于产业集聚区或者能够方便为农民提供非农就业机会的区域。

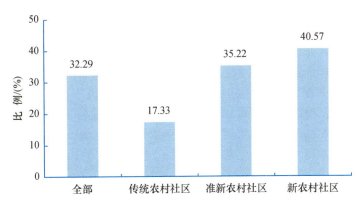

图 6-6　不同农村社区农民中愿意退出宅基地的比例

6.2.2　宅基地退出意愿与居住和就业的关系

如表 6-2 中所示,农民城镇迁移意愿的城镇等级越高,农民对退出农村宅基地的接受度越高。同样,农民的非农就业的程度越高,对退出宅基地的接受度越高。迁移预期和迁移意愿均为各等级城镇的农民中,大多数倾向于不退出宅基地,但是就业类型是全职打工和全职经商的农民中则有大多数是愿意退出宅基地的。

新农村社区对农民的吸引力较强,农民普遍不愿意退出新农村社区的宅基地。一方面,对于迁移预期和意愿均为新农村社区的农民来说,无论从事怎样的就业类型,即便进城定居了,也不愿意退出宅基地。其中,从事全职经商的农民中有 75.00% 不愿意退出宅基地。另一方面,对于迁移意愿是在新农村社区的农民来说,同样,无论从事怎样的就业类型,即便进城定居了,也不愿意退出宅基地。其中,从事全职经商的农民中有 75.00% 不愿意退出宅基地。由此可见,新农村社区对被调查地区农民的吸引力较强。

在迁移意愿是镇区的农民中(表 6-3),就业类型是全职务农的农民中有 66.67% 是愿意退出宅基地的,但是就业类型为兼业打工的农民中愿意退出宅基地的比例仅为 18.18%,两者相差很大。分析其中原因,主要是由于在被调查地区的镇区主要仍是以农业生产为主要的就业类型,因此,作为全职务农的农民来说,进入镇区居住后,从生活方式上看与原来相差不多,因此愿意退出原有宅基地。而对于兼业打工的农民来说,打工面临着诸多的不确定性风险,即便进入镇区居住,也倾向于保留原有宅基地。

对于迁移预期和意愿均为县城和新乡市区的农民来说,多数倾向于不退出宅基地,但是就业类型为全职打工和全职经商的农民中分别有 100.00% 和

80.00%的农民表示愿意退出宅基地,其次是在兼业经商的农民中有50.00%的农民愿意退出宅基地。可见,全职打工和全职经商的农民在进入城镇定居后有稳定的非农收入来源,在城市能够稳定定居下来,因此,对农村宅基地的依赖性较弱。对于同样是迁移预期和意愿均为县城和新乡城区的全职务农的农民来说,仅有15.00%愿意退出宅基地,同样兼业打工的农民中有41.38%的农民愿意退出宅基地。由以上分析可以看出,就业类型对于迁移预期和意愿均为县城和新乡城区的农民来说非常重要,这关系到农民的谋生能力和应对风险的能力,因此也直接关系到农民退出宅基地的意愿。

表6-2　不同迁移预期和意愿、就业类型下的农民宅基地退出意愿

迁移预期和意愿	宅基地退出意愿比例/(%)	就业类型					全　部
		全职务农	兼业打工	兼业经商	全职打工	全职经商	
均为各等级城镇	退出	22.73	41.46	62.50	100	83.33	45.12
	不退出	77.27	58.54	37.50	0	16.67	54.88
均为新农村社区	退出	49.58	36.26	41.67	50	25.00	43.42
	不退出	50.42	63.74	58.33	50	75.00	56.58
均为县城和新乡城区	退出	15.00	41.38	50.00	100	80.00	40.63
	不退出	85.00	58.62	50.00	0	20.00	59.38

注:迁移预期和迁移意愿同为镇区、郑州和省外城市的样本量少,故未做分析。

表6-3　不同迁移意愿和就业类型下的农民宅基地退出意愿

迁移意愿	宅基地退出意愿比例/(%)	就业类型					全　部
		全职务农	兼业打工	兼业经商	全职打工	全职经商	
镇　区	退出	66.67	18.18		100		33.33
	不退出	33.33	81.82		0		66.67
新农村社区	退出	49.59	35.29	46.15	50.00	25.00	43.03
	不退出	50.41	64.71	53.85	50.00	75.00	56.97
县城+新乡城区	退出	22.31	34.68	36.36	60.00	60.00	32.17
	不退出	77.69	65.32	63.64	40.00	40.00	67.83
郑　州	退出	30.00	75.00	0	0	100	47.62
	不退出	70.00	25.00	100	100	0	52.38
省外城市	退出	4.35	7.69	20.00	100	100	12.50
	不退出	95.65	92.31	80.00	0	0	87.50

6.2.3　农民退出宅基地的原因

研究分别统计了农民进城定居后愿意退出宅基地和不愿意退出宅基地样本

的基本特征,发现年龄并不是影响其决策的因素,而收入水平则是相对较重要的。如表 6-4 所示:① 两类样本的平均年龄在 46 岁左右。② 在进城后愿意退出宅基地的样本平均家庭年均纯收入为 29 516 元,较不愿意退出宅基地样本的家庭年均纯收入多了 4737 元。③ 在传统农村社区和新农村社区中,进城后愿意退出宅基地的样本的平均宅基地面积均比不愿意的样本大,但总体差距并不明显,相差在 20—50 平方米左右。④ 从两类农民样本的平均每月基本生活费来看,愿意退出宅基地的农民平均每月基本生活费达到 1351 元,比不愿意退出宅基地农民(1301 元)略高。由此可见,农民增收是转变其宅基地退出意愿的根本途径。

表 6-4　农民宅基地退出意愿和家庭情况

	平均年龄/岁	平均家庭年均纯收入/元	平均宅基地面积/亩		平均每月基本生活费/元
			传统农村社区	新农村社区	
愿意退出宅基地	46.6	29 516	0.5509	0.6263	1351
不愿意退出宅基地	46.0	24 779	0.5213	0.5513	1301

农民不愿意退出宅基地的原因主要是落叶归根的传统思想,以及对进城生活后各种不确定性的风险防范。在粮食主产区的农村地区,落叶归根的传统思想普遍且影响很大,农民普遍认为农村的家才是"根",按照当地的习俗,在去世后要回到农村的家里才算归了"根"。所以,有很大比例的农民即便在城市里有稳定的工作和住房,老家的房子也要保留,为的是身后事。同时,研究也应该看到,这种思想虽然在老年人群体里是非常普遍的,但在新一代年轻人的观念中,老家的房子则有了其他的重要意义。对于年轻人来说,考虑更多的是发展问题,尤其是担负着"上有老,下有小"的家庭重担,一方面希望能够在城镇打工或经商多赚钱以贴补家用,另一方面当在外打工的收入和情况不甚理想的时候,会考虑回到老家房子中,起码有安家之所。也就是说,老家的房子对于年轻一代来说是防范城镇工作和生活风险的重要保障。

6.2.4　宅基地退出的补偿形式

宅基地是农民重要的土地资产,也是其生活居住的根本保障。在农村建设用地节约集约利用的总体目标下,通过土地综合整治项目提高宅基地利用效率的意义重大。除此之外,为更好地解决"两栖人口"在城乡双重占地的现象,对农民宅基地退出后补偿形式的研究非常必要。研究调查了农民对宅基地退出后希望得到的补偿形式和力度,根据预调查中农民对这个问题的认识,在问卷中设计了稳定的住房、现金、养老保险和医疗、用于农业发展的投资、就业岗位和就业技能、高质量的基础教育六个选项。

宅基地主要是为农民们提供稳定的住所,因此在宅基地退出后农民希望的补偿形式仍主要是"稳定的住房"。虽然"现金"仍是比较重要的补偿形式,但相对来说,农民希望的宅基地退出后最主要的补偿形式是"稳定的住房"和"养老保险和医疗"。与此同时,对就业方面的补助方式则并不太关注。如图 6-7 所示,在被调查农民中,有 45.64% 的农民希望宅基地退出后得到稳定住房的补助,其次是有 26.56% 的农民希望宅基地退出后得到养老保险和医疗的补助,位居第三的补偿方式是现金,所占比例为 15.35%。在此之外,希望得到的补助形式是用于农业发展的投资、就业岗位和就业技能、高质量的基础教育三项的农民所占比重分别为 7.26%、4.77% 和 0.41%,可见农民对自身发展、就业和教育方面的补助需求并不强烈。从以上调查结果可以看出,在农民宅基地退出后的补偿中,对基本的生活保障关注多,主要是住房和养老,而对就业相关方面的关注并不多。对于政府相关部门来说,在实践中应当以稳定的住房补助、养老和医疗补贴这两种形式为主。

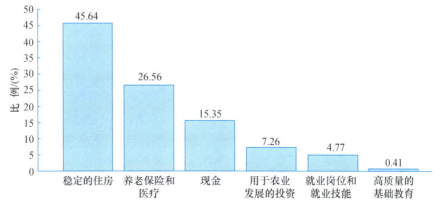

图 6-7　农民对宅基地退出补偿方式的倾向性

研究进一步分析了不同县市的被调查农民对于宅基地退出后补偿方式的认知。从调研结果可以看到,与全市平均情况对比,不同县市有明显不同,越是经济发展水平相对落后的地区,农民对宅基地退出补偿的要求越简单,主要的补助方式集中在住房上(图 6-8)。① 新乡市经济基础发展较好的两个县级市辉县市和卫辉市的农民中希望得到养老和医疗保障的相对更多,两个县级市希望得到养老和医疗保障的农民比重分别为 35.42% 和 38.46%。② 同样,对于距离新乡市最近,且发展基础较好的新乡县来说,更是有 52.5% 的农民希望自己在退出宅基地得到养老和医疗方面的补偿。同时,新乡县由于距离新乡市较近,农民在新乡县和新乡市打工的现象较多,于是该县的被调查农民对"就业岗位和就业技能"这种补偿方式的需求,较其他县市更明显。③ 对于中等经济发展水平的获嘉县,以及经济基础相对落后的延津县、原阳县和封丘县来说,农民对于宅基地退出后的补偿方式,更多地认为应该是住房。其中获嘉县的被调查农民中有54.76%希望宅基地退出后得到稳定住房的补偿,延津县、原阳县两个县中希望得到稳定住房补偿的被调查农民比例分别为32.86%和49.12%,而封丘县的106个被调查农民则全部希望得到稳定住房的补偿。

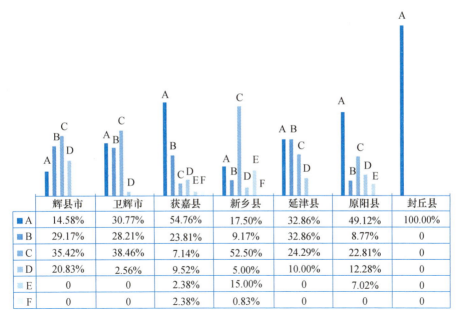

	辉县市	卫辉市	获嘉县	新乡县	延津县	原阳县	封丘县
A	14.58%	30.77%	54.76%	17.50%	32.86%	49.12%	100.00%
B	29.17%	28.21%	23.81%	9.17%	32.86%	8.77%	0
C	35.42%	38.46%	7.14%	52.50%	24.29%	22.81%	0
D	20.83%	2.56%	9.52%	5.00%	10.00%	12.28%	0
E	0	0	2.38%	15.00%	0	7.02%	0
F	0	0	2.38%	0.83%	0	0	0

图6-8　不同县市农民对宅基地退出补偿方式的倾向性

注:A表示稳定的住房,B表示现金,C表示养老保险和医疗,D表示用于农业发展的投资,E表示就业岗位和就业技能,F表示高质量的基础教育。

　　研究进一步调查了农民对于各种补偿方式所占比例的认识。问卷中的问题设置是"您认为在政府所提供的补助中,以下各项分别占多少比例合适",在调查问卷的填写中,向农民强调各项所填的比例加起来应为100%。

　　与农民的宅基地退出补偿方式的倾向性调查结果相似,从农民倾向的各种补偿方式所占比例的调查中,可以看到农民希望更多的补偿用到生活保障方面,如住房、养老保险和医疗。但相比而言,农民希望用到养老保险和医疗方面的补偿比例更多。如表6-5所示,样本全体对于养老保险和医疗的补偿比例的平均值为 45.63%;其次是稳定的住房,其平均希望得到的补偿比例为 41.65%;位居第三的是现金,其平均希望得到的补偿比例为 26.41%;被调查农民希望得到用于农业发展的投资、就业岗位和就业技能、高质量的基础教育三项的平均补偿比例分别为 16.56%、13.86% 和 14.46%。卫辉市的被调查农民在宅基地退出后,希望得到的补偿中现金、养老保险和医疗所占的比例多,两者分别占到总补偿的 63.33% 和 52.63%,同时这一比例也高于其余大部分县市。封丘县的被调查农民在宅基地退出后,希望得到的补偿中住房所占的比例高于其余补偿方式,达到 56.80%,这一比例也高于其余县市。由此可见,农民在宅基地退出补偿的需求方面,已脱离以往常用的百分之百现金补贴,而呈现出更加多元化的趋势。经济发展基础越好县市中的被调查农民希望现金、养老保险和医疗的比例越高,而经济发展基础较差的县市中被调查农民则希望稳定的住房比例较高。

表 6-5 农民倾向的不同补偿方式所占比例

样本范围	平均补偿比例/(%)						
	稳定的住房	现金	养老保险和医疗	用于农业发展的投资	就业岗位和就业技能	高质量的基础教育	其他
全部样本	41.65	26.41	45.63	16.56	13.86	14.46	9.96
辉县市	22.78	25.42	53.44	32.50	20.00	16.67	20.00
卫辉市	40.00	63.33	52.63	33.33	0	0	0
获嘉县	44.10	37.70	19.74	7.20	16.82	7.86	5.00
新乡县	32.32	21.68	26.08	15.84	16.87	17.30	11.85
延津县	35.81	28.20	21.32	20.00	7.54	17.52	5.70
原阳县	43.28	15.53	15.37	14.93	8.93	10.19	7.25
封丘县	56.80	21.18	13.52	14.64	12.56	13.13	0

6.3 农民农地流转的意愿

农地流转是在实行家庭联产承包责任制后的创新。随着家庭联产承包责任制的稳定和完善,农村经济得到快速发展,农业生产要素自由流转需求日益增加,农地流转应运而生,弥补了家庭联产承包责任制的"深层缺陷"(唐文金,2008)。可以说,农地流转是促进生产要素重新组合的重要途径,也是实现农地资源最优配置的重要方法。本节重点分析农民对农地流转的意愿。

6.3.1 农民进行农地流转的意愿

耕作农地是农民主要从事的生产性活动,调查问卷设置了问题"国家提出

'农业规模化经营'政策后,您是否愿意参与到规模化经营中来",来调查农民对农地流转的意愿。

从目前情况来看,在了解了国家的农业规模化经营政策后,希望转出农地的农民较多,而愿意转入农地进行规模化经营的农民较少。据调查,有63.45%的被调查农民在了解了农业规模化经营政策后希望转出农地,而希望转入农地的农民比重仅为14.84%,剩余的21.71%的被调查农民则不愿意流转农地。由此可见,在粮食主产区进行农业规模化经营有其群众基础。

农民愿意转出农地是其脱离农业生产部门,并向非农部门转移的起点。农民在城镇化进程中,离开农地走向非农产业部门,既是生产方式的转变,也是人和地关系的转变。与此同时,农民愿意转出农业也为农业规模化经营、发展现代农业、实现农业产业化提供了很好的基础。因此,本书继续分析农民愿意转入和转出农地、不愿意流转农地的原因。

根据预调研中农民对于愿意转入和转出农地、不愿意流转农地的原因的归纳,针对每项设置7—10个原因,并采用五级量表的方式进行调查。五级量表中得分5表示很影响,得分4表示比较影响,得分3表示一般,得分2表示不怎么影响,得分1表示不影响。故在以下研究中认为得分为5和4的表示被调查者认为该因素具有显著影响,同理得分为2和1的表示被调查者认为该因素并不影响最终行为。

6.3.2　农民愿意转入农地的原因

影响农民转入农地的原因见表6-6。对于愿意转入农地的被调查农民来说,愿意转入农地的原因首先是"转入农地能够明显增加收入",其次是"认为转入农地的价格低"。据调查,在转入农地的各项原因中,被调查农民认为最重要的三项影响因素是:能明显增加收入、转入的价格低、对政策有信心,其平均值分别为3.47、3.25和3.16。对于原因"能明显增加收入",有54.72%的农民认为是影响转入决策的因素,有25.47%的农民认为这个因素不影响转入的决策。对于原因"转入的价格低",有47.67%的农民认为是影响转入决策的因素,有28.04%的农民认为这个因素并不影响转入的决策。对于原因"对政策有信心",有46.73%的农民认为是影响转入决策的因素,有31.78%的农民认为这个因素并不影响转入的决策。由此可见,决定农民是否转入农地的根本原因还是投入产出关系;也就是说,在对国家政策有信心的前提下,以较低的价格转入农地,而耕作农地又能明显增加家庭收入,在这样的投入产出关系下,对于除了耕地没有其他工作的农民来说,自然愿意更多地转入农地。

表 6-6　影响农民转入农地的原因分析

原　因	平均值	比　例/（%）					
		5	4	3	2	1	总计
有富余劳动力	2.89	20.37	13.89	26.85	12.04	26.85	100
喜欢耕地	3.08	26.13	10.81	27.93	15.32	19.82	100
粮食可自给自足	2.89	25.23	8.41	21.50	19.63	25.23	100
转入的价格低	3.25	17.76	29.91	24.30	15.89	12.15	100
能明显增加收入	3.47	32.08	22.64	19.81	11.32	14.15	100
离家近耕作方便	3.13	29.91	9.35	27.10	11.21	22.43	100
对政策有信心	3.16	22.43	24.30	21.50	10.28	21.50	100
除了耕地没有其他工作	3.12	35.51	6.54	19.63	11.21	27.10	100

　　注：五级量表中，5 表示很影响，4 表示比较影响，3 表示一般，2 表示不怎么影响，1 表示不影响。

6.3.3　农民愿意转出农地的原因

　　影响农民转出农地的原因见表 6-7。对于愿意转出农地的被调查农民来说，愿意转出农地的原因首先是"打工收益高于种地"，其次是"需要出去打工"；归根结底是因为要外出去打工，且种地的收益少。据调查，在转出农地的各项原因中，被调查农民认为最重要的三项影响因素是：打工收益高于种地、需要出去打工、种地收益低，其平均值分别为 3.89、3.78 和 3.77。对于原因"打工收益高于种地"，有 66.59% 的农民认为是影响转出决策的因素，有 13.76% 的农民认为这个因素不影响转出的决策。对于原因"需要出去打工"，有 63.75% 的农民认为是影响转出决策的因素，有 16.54% 的农民认为这个因素并不影响转出的决策。对于原因"种地收益低"，有 64.30% 的农民认为是影响转出决策的因素，有 14.19% 的农民认为这个因素并不影响转出的决策。由此可见，决定农民是否转出农地的根本原因仍是收益问题，归根到底是打工收益比种地多；也就是说，在外出打工的收益高于耕作农地的收益时，农民在更高收益的驱动下，纷纷离开农地，走向非农产业部门，在这样的趋势下，对于那些需要外出打工谋求更高收益的农民来说，转出农地是自然的事情。

表 6-7　影响农民转出农地的原因分析

原　因	平均值	比　例/（%）					
		5	4	3	2	1	总计
缺乏劳动力	2.96	13.05	25.05	29.68	8.84	23.37	100
不喜欢耕地	2.69	6.51	18.28	37.18	13.66	24.37	100
种地太累	3.00	11.53	22.22	38.78	9.85	17.61	100
转出的价格高	3.59	31.99	23.52	25.85	9.11	9.53	100
种地收益低	3.77	34.28	30.02	21.50	5.27	8.92	100
种地负担重	3.50	20.86	34.84	25.16	11.61	7.53	100
离家远耕作不方便	2.91	14.41	13.97	35.59	20.74	15.28	100
需要出去打工	3.78	37.47	26.28	19.71	9.73	6.81	100
打工收益高于种地	3.89	44.54	22.05	19.65	5.46	8.30	100

注：五级量表中，5 表示很影响，4 表示比较影响，3 表示一般，2 表示不怎么影响，1 表示不影响。

6.3.4　农民不愿流转农地的原因

影响农民不流转农地的原因见表 6-8。对于不愿意流转农地的被调查农民来说，不愿意流转农地的原因首先是"担心自己的利益得不到保障"，其次是"对政策不了解"；归根结底是因为不熟悉国家鼓励农地流转的政策，怕自己原有的收益得不到保障。据调查，不愿意流转的各项原因中，被调查农民认为最重要的三项影响因素是：担心自己的利益得不到保障、对政策不了解、对政策了解但没有信心，其平均值分别为 3.73、3.35 和 3.27。对于原因"担心自己的利益得不到保障"，有 64.74% 的农民认为是不愿意流转的原因，有 16.77% 的农民认为这个因素不影响不愿意流转的决策。对于原因"对政策不了解"，有 44.04% 的农民认为是不愿意流转的原因，有 22.02% 的农民认为这个因素并不影响不愿意流转的决策。对于原因"对政策了解但没有信心"，有 47.88% 的农民认为是不愿意流转的原因，有 26.06% 的农民认为这个因素并不影响不愿意流转的决策。

由此可见，决定农民是否参与到农地流转实践的根本原因是对政策是否熟悉和信任。农民不愿流转农地归根到底是不愿面对改变现状可能带来的风险；也就是说，在农民对国家鼓励农地流转政策并不十分熟悉的情况下，也没有看到周围普遍成功的案例，并不愿意改变现状，这样起码可以保全自己现有的利益，在这种思想的驱使下，农民就不愿意参与到农地流转的实践中。在促进农地流转、实现农地规模化经营方面的实践中，仍需加强政策的示范效应。

表 6-8   影响农民不流转农地的原因分析

原　因	平均分	比　例/(%)					
		5	4	3	2	1	总计
劳动力正好,不需要流转	2.47	19.05	8.93	15.48	13.10	43.45	100
没人愿意转出或转入	2.57	13.86	10.24	28.92	12.65	34.34	100
没有好的经营项目	3.21	20.48	25.90	26.51	8.43	18.67	100
收益低不愿意折腾	3.24	28.92	15.06	24.70	13.86	17.47	100
担心自己的利益得不到保障	3.73	34.68	30.06	18.50	6.94	9.83	100
对政策不了解	3.35	24.40	19.64	33.93	10.12	11.90	100
对政策了解但没有信心	3.27	26.67	21.21	26.06	4.85	21.21	100

注:五级量表中,5 表示很影响,4 表示比较影响,3 表示一般,2 表示不怎么影响,1 表示不影响。

6.4　农民土地流转行为的影响因素

根据本书模型设计的总体思路(见 3.3.3 部分),研究从人力资本、经济资本和土地资产三个方面构建解释变量的指标体系,同时选取相应的关联变量和控制变量。人力资本中反映"教育水平"的变量是被调查者学历,反映"见识水平"的变量有家庭外出务工的比率、党员和干部。模型中反映经济资本的变量是家庭年均纯收入。土地资产中包括宅基地面积、农地面积,在宅基地退出的模型中土地资产重点指的是宅基地面积,在农地流转的模型中土地资产重点指的是农地面积。关联变量中包括城镇房屋、新农村社区、就业类型。控制变量中包括性别、年龄。

6.4.1　农民宅基地退出的影响因素

研究构建了二分类 Logit 模型分析被调查农民宅基地退出意愿的影响因素。被解释变量是宅基地退出意愿(Y-ZHAIJI),反映的是农民进城后对宅基地退出的意愿。该变量是二分类变量,如果被调查农民进城定居了,愿意退出的赋值为 1,不愿意退出的赋值为 0。有效样本数为 618 个。

从农民宅基地退出影响因素的模型结果(表 6-9)中可以看出:

(1)人力资本对农民宅基地退出的影响。第一,教育水平的负向影响。在高中及以下学历中,被调查农民的学历越高,越不愿意退出宅基地;大专及以上学历的农民愿意退出宅基地,但在模型结果中并不显著。第二,见识水平的正向影响。一方面,家庭外出务工率越高,农民越愿意退出宅基地;另一方面,家中有党员、干部的农民,更愿意退出宅基地。

(2)经济资本和土地资产对农民宅基地退出的影响。从模型结果上看,经济资本和土地资产在模型中均不显著,但两者对农民宅基地退出意愿的影响仍有不同。第一,经济资本的正向影响。农民家庭年均纯收入越高,越愿意退出宅基地。第二,土地资产的负向影响。农民拥有宅基地面积越大,越不愿意退出宅基地。

(3)居住因素对农民宅基地退出的影响。居住因素对农民的宅基地退出意愿存在正向影响。一方面,在城镇有购房的农民,并不愿意退出宅基地,但这种特征在模型结果中并不显著;另一方面,在新农村社区居住的农民,愿意退出宅基地,这种特征在模型结果中显著。

(4)就业因素对农民宅基地退出的影响。非农就业对农民的宅基地退出意愿存在正向影响。农民就业类型的非农化程度越高,越愿意退出宅基地。尤其是就业类型是全职非农的农民,愿意退出宅基地,且在模型结果中显著。

(5)个体特征对农民宅基地退出的影响。第一,性别。男性比女性相对更愿意退出宅基地,这种特征在模型结果中显著。第二,年龄。年龄对农民宅基地退出意愿的影响并不显著。

从OR值来看,家庭外出务工率对农民宅基地退出意愿的影响最大,其次是就业因素(全职非农),然后是家中有党员、干部。由此可见,人力资本(见识水平)是影响农民宅基地退出意愿的主要因素,非农就业因素也对农民宅基地退出意愿有重要的关联性影响。

表6-9 农民宅基地退出的影响因素模型

		Coef.	Odds Ratio	P>z	显著性
人力资本	学历1	−0.48	0.62	0.026	* *
	学历2	0.49	1.63	0.565	
	家庭外出务工率	1.63	5.10	0.000	* * *
	党员、干部	0.70	2.02	0.002	* * *
经济资本	家庭年均纯收入	0.08	1.09	0.568	
土地资产	宅基地面积	−0.30	0.74	0.211	
关联变量	城镇房屋	−0.24	0.79	0.529	
	新农村社区	0.47	1.60	0.029	* *
	就业类型1	0.03	1.03	0.880	
	就业类型2	1.08	2.95	0.004	* * *

（续表）

		Coef.	Odds Ratio	P>z	显著性
控制变量	性别	0.50	1.66	0.073	*
	年龄	0.00	1.00	0.888	
常　数		-2.94		0.069	*
Model		logistic regression			
Number of obs		618			
LR chi2(6)		62.26			
Prob>chi2		0			
Log likelihood		-362.93			
Pseudo R2		0.08			

注：* 表示在 0.1 水平上显著，* * 表示在 0.05 水平上显著，* * * 表示在 0.01 水平上显著。

6.4.2　农民农地流转的影响因素

研究构建了二分类 Logit 模型分析被调查农民农地流转意愿的影响因素。被解释变量是农地流转意愿（Y-NONGDI），反映的是农民是否愿意流转其农地。该变量是二分类变量，被调查农民愿意流转农地的赋值为 1，不愿意流转农地的赋值为 0。有效样本数为 664 个。

从农民农地流转影响因素的模型结果（表 6-10）中可以看出：

（1）人力资本对农民农地流转的影响。第一，教育水平的正向影响。被调查农民的学历越高，越愿意进行农地流转。大专及以上学历的农民愿意流转农地，但在模型结果中并不显著。第二，见识水平的影响不显著。一方面，家庭外出务工率越高，农民越愿意流转农地；另一方面，家中有党员、干部的农民，更愿意流转农地。但以上两者在模型结果中并不显著。

（2）经济资本和土地资产对农民农地流转的影响。从模型结果上看，经济资本和土地资产的影响在模型中均不显著，但两者对农民农地流转意愿均有一定的负向影响。第一，经济资本的负向影响。农民家庭年均纯收入越高，越不愿意流转农地。第二，土地资产的负向影响。农民拥有农地面积越大，越不愿意流转农地。

（3）居住因素对农民农地流转的影响。居住因素对农民的农地流转意愿存在正向影响。一方面，在城镇有购房的农民，并不愿意流转农地，但这种特征在模型结果中并不显著；另一方面，在新农村社区居住的农民，愿意进行农地的流转，这种特征在模型结果中显著。

（4）就业因素对农民农地流转的影响。非农就业对农民的农地流转意愿的影响不显著。从模型结果中看,兼业务农的农民愿意流转农地,全职非农的农民不愿意流转农地,但以上两者在模型结果中并不显著。

表 6-10　农民农地流转的影响因素的模型

		Coef.	Odds Ratio	P>z	显著性
人力资本	学历 1	0.58	1.78	0.024	* *
	学历 2	0.10	1.10	0.892	
	家庭外出务工率	0.64	1.90	0.173	
	党员、干部	0.26	1.29	0.373	
经济资本	家庭年均纯收入	−0.25	0.78	0.154	
土地资产	农地面积	−0.19	0.82	0.324	
关联变量	城镇房屋	−0.04	0.96	0.921	
	新农村社区	0.92	2.50	0.000	* * *
	就业类型 1	0.18	1.19	0.480	
	就业类型 2	−0.33	0.72	0.398	
控制变量	性别	1.31	3.71	0.000	* * *
	年龄	0.01	1.01	0.291	
常　　数		1.83		0.310	
Model		logistic regression			
Number of obs		664			
LR chi2(6)		87.13			
Prob>chi2		0			
Log likelihood		−302.36			
Pseudo R2		0.13			

注:*表示在 0.1 水平上显著,* *表示在 0.05 水平上显著,* * *表示在 0.01 水平上显著。

(5)个体特征对农民农地流转的影响。第一,性别。男性比女性相对更愿意流转农地,这种特征在模型结果中显著。第二,年龄对农民农地流转意愿的影响并不显著。

从 OR 值来看,居住因素(在新农村社区居住)对农民农地流转意愿的影响最大,其次是家庭外出务工率。由此可见,居住因素(在新农村社区居住)是影响农民农地流转意愿的主要因素。同时,人力资本(见识水平)也对农民农地流转意愿有重要影响。

6.4.3　影响农民土地流转的因素总结

通过以上对农民宅基地退出和农地流转的影响因素的分析,可以看出,人力资本对于农民土地流转的影响仍较为明显,此外,就业和居住的关联性影响也显著。

首先,农民的人力资本对土地流转意愿的影响主要体现在见识水平的影响上,而教育水平的影响则不显著。研究中通过农民家庭外出务工率和是否有党员、干部来反映农民人力资本中的见识水平。农民通过外出打工增长自身的就业技能之外,也促使其发展观念和思路的转变,能够提高其自身的见识水平。在农村地区,党员、干部是重要的群体,是农村基层的重要管理人员,一方面同农民保持密切联系,另一方面同上级政府也有密切工作联系,与农村以外的社会接触广泛,又接受党的教育和培训,能够掌握更多的信息和资源,其见识水平显著高于其余农民。相对于普通农民来说,见识水平高的农民对脱离农业的生产和生活方式更为熟悉,对国家的政策也更为了解和支持,也更能够接受。因此,在能够进城定居的前提下,见识水平较高的农民相对更愿意退出宅基地,也更愿意流转农地。

其次,就业和居住的关联性影响也是农民土地流转意愿的重要影响因素。研究构建了从居住、就业和土地三个维度研究城镇化路径的分析框架,在土地流转影响因素的模型构建中,就业和居住对农民土地流转的关联性影响显著。第一,就业类型是全职非农的农民脱离农业生产的程度较高,不再从事农业生产的农民对土地的感情要明显弱于其余农民,故对土地依赖性弱;第二,这种类型的农民从事非农的生产活动,其生产活动的地域空间更多的是在非农村地区,故生活空间也逐渐非农化;第三,全职非农的就业类型能够为农民提供更高的收入,改善其生活水平。因此,全职非农就业类型的农民若已在城镇定居了,则更倾向于退出宅基地。另一方面,被调查地区新农村社区建设较早,已出现多个成熟的新农村社区。这些新农村社区周边一般都具有较好的产业配套,有的直接邻近城市郊区,有的发展工业园区,有的建设高效农业园区,均能通过各种方式为农民提供更多的非农就业机会。因此,居住在新农村社区的农民更倾向于流转农地。

6.5　本章小结

本章研究案例地区农民的土地流转行为。按照"特征—行为—影响因素"思路,在对被调查农民当前土地资产情况分析的基础上,从被调查农民的宅基地退出和农地流转两方面进行了研究;分析农民宅基地退出的意愿、原因和希望获得的补偿方式;分析农民对农地流转的态度及其原因。最后,构建二分类 Logit 模型剖析农民宅基地退出和农地流转的影响因素。本章有以下主要结论:

（1）农民对土地的权利意识强烈，政策了解程度较低。农民对自身土地资产的产权意识强烈，特别是对宅基地财产权利保护的意识要强于农地。农民对实践活动中关于宅基地相关政策的了解仅限于对宅基地整理的必要性方面，而对宅基地整理后节余的土地、宅基地及其应用并不清楚。

（2）新农村社区建设有利于土地集约节约。一是在实践上解决宅基地普遍超标的现象，住在新农村社区的农民所用宅基地面积更少。二是在思想上宣传了土地相关政策，住在新农村社区的农民更熟悉"拆旧建新"、宅基地、农地的相关政策。

（3）宅基地退出。即便进城，农民也普遍不愿意退出宅基地，原因除了缓冲城市生活的不确定风险外，也有"落叶归根"等文化因素的影响。若退出宅基地，农民不只是希望现金补贴，更希望获得"稳定的住房"和"养老保险和医疗"。越是经济发展落后地区，对宅基地退出补偿的要求越简单，集中在住房上。

（4）农地流转。希望转出农地的农民较多，愿意转入农地进行规模化经营的较少。愿意转入农地的农民，主要是因为除了耕地没有其他工作，以较低的价格转入农地，能够增加家庭收入。愿意转出农地的农民，主要是因为外出打工的收益高于耕作农地的收益。在没有看到周围成功案例时，农民会采取保守姿态，不愿意参与到农地流转的实践中。

（5）影响粮食主产区农民的宅基地退出的主要因素是高中及以下学历、家庭外出务工率、家庭中有党员和干部、居住在新农村社区、全职非农就业。促进粮食主产区农民的农地流转的主要因素是高中及以下学历、居住在新农村社区、性别（男性）。

第七章

粮食主产区的城镇化路径

在对农民城镇迁移行为、非农就业行为和土地流转行为研究的基础上,本章进行综合分析,提炼不同的城镇化路径,回答"农民希望如何实现城镇化"这一关键问题,并归纳农民城镇化路径的影响因素。分析思路见图 7-1。

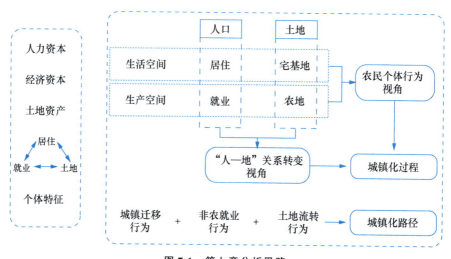

图 7-1　第七章分析思路

7.1　粮食主产区的就近城镇化过程

7.1.1　农民个体行为视角下的城镇化过程

从农民个体行为的视角来看,城镇化是农民转移前后居住地、资产、就业的变化过程。具体来说,是一个农民如何脱离原有土地、走向城市,寻找与其本身素质相适应的职业,并逐步比较稳定地在城市居住并生活的过程。进而实现就业转移、人口集聚、土地流转的统一,从而是一个人地协调的城镇化。在这个过程中包含五个重要的环节,如图 7-2 所示。

(1) 农民从土地上解放出来。农民收入的提高,取决于农业效益的提高。相比于英国工业化时期破产农民的城镇化,本书研究的是富余劳动力的城镇化,土地给了农民基本保障,具体讲是宅基地能解决居住问题,农地能解决其"衣食用"问题,但是进一步提高收入,需要从土地中解放出来。在这个环节中,乡村传统的紧密型"人—地"关系开始瓦解,劳动力不再必须依附于农地而生存,农民在保证日常对农地的耕种之余,开始寻找其他能够获得更多收益的工作方式。这个过程得益于劳动力的提高、农业机械的使用、农业耕作技术的提高、农药和化肥的使用等使单位农地所需要的劳动力减少,进而产生了农村富余劳动力。在城市经济的吸引下,这部分富余劳动力开始寻求转向城市。随着农民的逐步进入城市,对于进城农民两处占地一事,处理存在矛盾困境。一方面是这部分农地为进城农民提供了保障和缓冲,使农民在城市和乡村进退有余。但另一方面导致空心村和农村建设用地不集约。新型城镇化规划已经明确农地和宅基地流转机制、土地换保障等。但是农民对土地的处置意愿如何,还需要研究。

(2) 农民在城市有稳定就业。人员的流动是与经济发展状况密切相关的,从根本上讲,是就业机会带动了人口的流动。人的城镇化,首先是就业的城镇化。没有稳定第二、三产业就业,就不能实现稳定可持续的城镇化。在进入城市的过程中,农民自身首先考虑到且需要解决的是就业问题,寻求一份相对稳定的工作对希望进入城市的农民来说很迫切。在这个环节中,"人—地"关系发生了空间上的转变,突破了传统的"仅发生在乡村空间上的农民与其宅基地和耕地的关系"的空间界限。在城市空间上,进城务工的农民在城市土地上从事生产活动,为城市的增长做贡献。此时,从生产的角度看,农民与其耕地的关系非常薄弱,抑或存在断裂的现象,同时与城市土地的关系却在日渐增强。这一环节可以看作是传统乡村空间上的"人—地"关系开始向城市空间发展的起步环节。

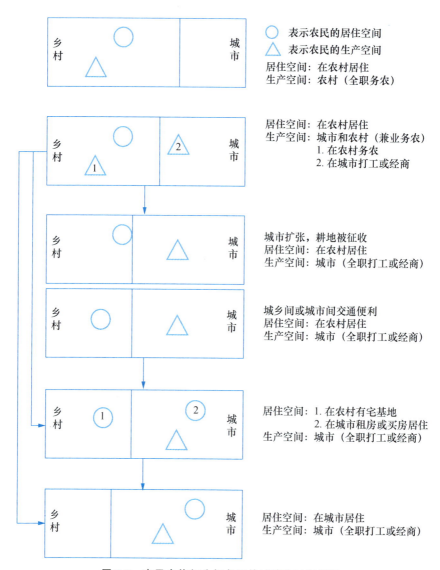

图 7-2　农民个体行为视角下的城镇化过程解析

（3）农民进入城市。在城市寻求到稳定就业后，农民开始考虑进入城市居住和生活。乡村空间上的"人—地"关系进一步向城市空间上发展。从生活和居住的角度看，农村传统的农民在宅基地建房居住的方式开始发生变化，进入城市后，城市土地为国家所有，农民和城市居民一样，居住在商品房中。从生产和工作的角度看，农民进入城市后，由于与耕地的空间距离增加、交通成本增加,与耕地之间的联系更为脆弱,农民不再耕种土地,同时与城市的生产活动更为接近和紧密。这个环节是农民开始融入城市的开始,也是传统乡村空间上的"人—地"关系向城市空间上的"人—地"关系发展的重要转折点。居住地点的调整,涉及城镇的等级,可能到小城镇、县城、地级市、省会、省外城市、北上广等。由于居民能力和偏好差异,选择居住的城镇等级有差异化特征。

(4)农民在城市能够长久定居,完全进入城市。这个环节是进城务工的农民在城市定居的过程,需要住房和社会保障。传统的乡村"人—地"关系中,农民重要的生产和生活资料都可直接从土地上获得,土地就是他们衣食用住行的保证,在脱离农村土地进入城市后,农民依然需要保证才能在城市长久定居。首先,拥有就业技能是其生存的根本,有相对稳定的就业,使其能够自食其力,解决其衣食住行的基本来源;其次,有稳定的住所,是其能够长久定居的基础;再次,医疗等社会保险的健全,是进入城市农民的基本保障。这个环节是强化城市"人—地"关系的阶段。

(5)农民适应城市的生活方式,完全融入城市。这个环节是农民完全转变为城市居民的环节,也是由乡村"人—地"关系完全转变为城市"人—地"关系的最后环节。

以上五个环节中,分别反映了人口城镇化、土地城镇化、经济城镇化和社会城镇化以及其中"人—地"关系的变化。

7.1.2 "人—地"关系转变下的城镇化过程

在城镇化之前,乡村的"人—地"关系简单,即农民的居住空间和生产空间都在农村,农民的衣食住行直接依赖于农村土地。一方面,农民居住在农村的宅基地上,以耕作农地为主要职业;另一方面,宅基地和农地都归集体所有,宅基地的使用不集约且不能流转,农地是农民自耕自种且少有流转。

在城镇化之后,城市的"人—地"关系发生变化,城市居民的居住空间和生产空间都在城市,居民的衣食住行依赖于城市土地所承载的城市经济活动。一方面,城市居民居住在城市的居住用地上,以非农业的第二、三产业为主要行业;另一方面,居民与土地的关系变成:城市土地都归国家所有,居民仅能够购买或租赁城市的商品房居住,不再拥有耕地。

城镇化中"人—地"关系的转变见图7-3。粮食主产区农民从传统的"乡村居住—全职务农—土地不流转"的乡村型"人—地"关系向新型的"两栖居住—兼业务农—土地流转"的乡村型"人—地"关系转变。在可预见的未来,将转变成为"城市居住—全职非农—土地使用权"的城市型"人—地"关系。

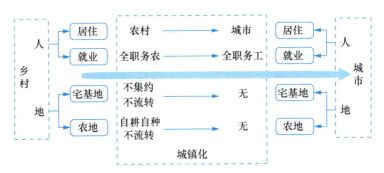

图 7-3 城镇化:"人—地"关系的转变

（1）居住变化。中部粮食主产区农民的居住正在由传统的乡村居住发生转变，但绝大多数农民仍选择在乡村居住。农民的居住变化一方面表现了其迁移特征，另一方面也与其就业相关联。农民在从乡村走出来的过程中，乡村的住房成为其规避城镇居住和工作风险的重要保证，农民选择在城市生活稳定后才完全进入城市居住。可见，在城市和乡村两栖居住是农民由乡村居住转变为城市居住的中间过渡形态。

（2）就业变化。中部粮食主产区农民的就业结构正在经历着从农业部门向非农业部门转型的过渡时期，代际之间逐渐从农业向非农产业就业过渡的明显趋势。现在的粮食主产区全职务农的农民不足半数，而兼业农民明显增多。对于粮食主产区的年轻农民来说，农业生产仍是比较重要的就业方式，但兼业务农已成为年轻农民就业的主要选择。可以看到，完全脱离农业的就业类型已成为可预见的趋势。

（3）土地流转。中部粮食主产区农民对自身土地资产的产权意识在逐步强化，尤其对宅基地的产权意识要强于农地。对于农地和宅基地两种土地资产的类型，农民更倾向于首先进行农地的流转，而农地流转也比宅基地流转更为普遍、操作和政策也更为成熟。农民虽然对实践操作中的宅基地相关政策有所了解，但对宅基地的权利保护意识却非常强烈。宅基地作为能解决农民住房问题的基本保障，农民普遍不愿意退出宅基地。农民呈现出更加多元化的宅基地退出补偿需求，但仍以"稳定的住房"为主。可见，农民在城镇化过程中首先进行农地流转，而农民宅基地的退出则标志着其最大程度地脱离了农村和农业生产，自此便在城市土地上生活和工作，享有城市土地使用权。

7.2　城镇化的具体实现路径

　　立足于改善生活条件和环境,粮食主产区内有相当大比例的农民希望在不同程度上实现城镇化。研究从农民自身的意愿出发,以人和地为切入点,借助人力资本理论,归纳和分析粮食主产区农民实现城镇化的三种主要路径。

7.2.1　本地非农就业带动型的路径

　　适应人群:见识水平较高的中年农民,或见识水平较高的邻近城区的农民。
　　基本特征:乡村居住—兼业打工或经商—部分土地流转。
　　有两类本地非农就业带动的城镇化,其路径分别见图 7-4 和图 7-5。第一,对于县域经济发达地区的中年农民来说,部分见识水平较高的农民进入县城兼业打工或经商,倾向于持有宅基地,部分愿意转出农地。第二,对于紧邻县城城区或新乡市区的农民来说,部分见识水平较高的农民白天在城区或市区打工或经商,晚上回村居住,倾向于持有宅基地,部分愿意转出农地,更多地倾向于偶尔打理农地。

1. 县域经济发达地区的农民的城镇化

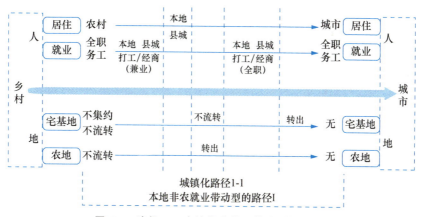

图 7-4　路径 1-1:本地非农就业带动型的路径 I

　　这类农民综合考虑自身情况,希望未来 5 年迁移到县城工作。他们所从事的行业以兼业打工为主,偶有兼业经商、全职经商、兼职打工,甚至部分农民希望继续从事农业。对宅基地的处置上,倾向于继续持有宅基地,这一比例达到 60%;对农地的处置上,倾向于流转出农地,比例达到 40%。总体上,对土地的处置上意见差异化较大,不存在压倒性意见。

新乡市的落户条件中,需要有稳定的固定住所或稳定工作。结合访谈,分析这部分农民特征,他们年龄大都在 40—50 岁之间,在县城长期经商、打工,积累了一定经济实力。他们大都是距新乡市区有一定距离的延津市、卫辉市的农民,由于与市区有一定距离,到市区发展存在一定物质、心理距离,同时本县(市)的经济水平也不错,选择在本县(市)发展。他们通过在县城购房长期居住,从而实现城镇化。

目前,我国多数农民在务农的同时,兼营第二、三产业,相当数量的农村劳动力尚不具备完全脱离土地进入大中城市的能力与条件。这种就近城镇化,迁移到中小城市的路径,在粮食主产区具有典型性。农民通过到附近的县城打工或经商,在长期稳定就业,获得一定经济实力的基础上,购买县城的房屋,取得城镇户籍,成为城市居民。在这个路径的发展过程中,由于个体经济实力的差异,农民对农村的宅基地、农地还有一定需要,希望保留农村的土地。一些经济实力强的个体,开始放弃宅基地和农地。总体上,呈现出逐步退出土地的过程、先退出农地后退出宅基地的特征。

2. 紧邻县城城区或新乡市区的农民的城镇化

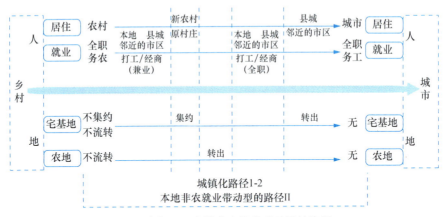

图 7-5　路径 1-2:本地非农就业带动型的路径 II

这类农民白天到城市打工或经商,晚上回村里居住,由于新乡地势平坦,农民采用电动车能够便捷地实现交通。对于农地,绝大部分愿意转出,或者在稍微闲暇的时候,偶尔去打理一下,生活收入主要依靠打工或经商,对土地的依赖性较弱。

这部分村民主要居住在紧邻新乡市区的新乡县。由于能够接受到市区的辐射和带动,在新乡县,完全务农的比例在新乡市各县(市)中处于较低水平,而完全脱离农业、全职务工的农民占调查农民的 12%,是所有县(市)中最高的。对新乡县多个村庄的访谈表明,村民很满意自己的现状,除了居住在农村,在生活上与市区没有太大区别。即便是全职打工、经商的村民,也没有强烈的意愿转为城市居民,村民在访谈中都认为现状较好。只是涉及子女教育问题时,他们才考虑进城定居。

7.2.2　异地非农就业带动型的路径

适应人群:教育水平和见识水平普遍较高的年轻农民。

基本特征:两栖居住—兼业打工或经商—部分土地流转。

异地非农就业带动型的路径见图 7-6。调查地区的部分年轻农民在农闲时外出务工,在农忙时回乡进行农业耕作,在外出务工一定年限后返回本地县城定居;倾向于持有宅基地,适当转出农地。

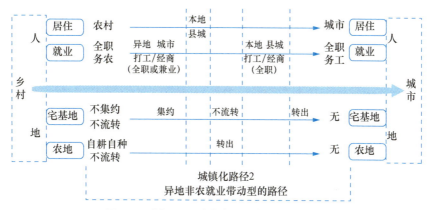

图 7-6　路径 2:异地非农就业带动型的路径

中国农村的决策单位、行为单位不是个人,不是村庄,而是家庭。家庭是决策、分配、管理和行动单位。研究在调查中也重点考察了被调查对象对家庭中 20—30 岁青年就业和居住的愿景。

新乡由于紧邻郑州,家庭中青年农民在市外省内务工,主要是前往郑州,由于比较近,就业类型上希望以兼业打工为主,兼顾家庭,此外也开展经商等,有更多的选择。在省外务工,则以全职打工为主。被调查农民希望家庭中的青年农民在外出务工到一定阶段后,返回本地定居,定居地点中县城排在首位,也有一部分人倾向在市区定居。

7.2.3　以新农村为过渡的路径

适应人群:教育水平和见识水平普遍较低的农民。

基本特征:新农村居住—兼业打工—农地流转。

以新农村为过渡的路径见图 7-7。在县域经济较差地区的农村,农民普遍愿意迁入新农村社区居住,部分农民在从事农业生产的同时进入第二、三产业部门,以新农村社区为城镇化的过渡形式,倾向于持有宅基地,部分愿意转出农地。

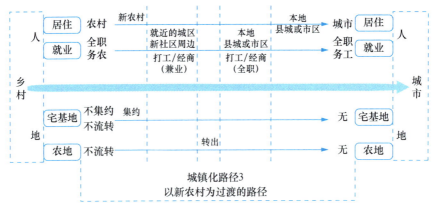

图 7-7　路径 3:以新农村为过渡的路径

对于县域经济较差地区农村的农民来说,预期自身搬迁到新农村社区居住,继续从事农业,或者在从事农业的时候兼职打工。由于仍然在农村居住,宅基地继续持有。这部分农民总体上支持农地的流转,只有不到 15% 的人希望继续维持土地现状,愿意转出土地的农民数超过愿意转入土地的人,两部分人均有一定规模,支持粮食主产区的农业规模化经营。

这类农民大部分居住在离新乡市区最远的原阳县(曾是国家级贫困县)、封丘县(曾是国家级贫困县),经济水平在新乡市中属于较低水平。县域经济不发达、离市区又较远,当地居民的城镇化愿景很大程度上依托在政府组织的新农村社区上,特别是在问卷调查中,已经开始纳入新乡市新农村社区规划的村庄,表现较为明显。这类农民年龄大概在 40—60 岁之间,在 35 岁以下的特别少。主要是以后继续留在农村,在这样的基础上,追求生活质量的提高。

严格地说,新农村社区不能算是城镇化,但是在提高土地利用效率、改善居民生活条件方面发挥了类似于城镇的效果,可以看作一个向城镇化转移的过程,看作“半城镇化”的现象。

有研究提出,走一条“新农村—新社区—新城镇”的道路,就是把农村的村民变成社区居民后,再城镇化改造。本研究认为该路径可行性不高。首先是法律上,大规模将新农村社区发展为新的城镇,不符合我国土地利用的有关法律,土地利用效率不高。另一方面,从农民意愿出发,农民愿意转移到新农村社区,因为在根本的就业上没有变化,只是居住条件的改善。即便没有新农村建设,农民隔几年翻建房屋时,也会改善居住条件。研究发现,农民一旦决定城镇化,完全可以到同一市域内的县城,连小城镇都直接跨过,更不用等待新农村社区发展为城镇了。

7.2.4　粮食主产区城镇化路径的比较

1. 三种主要城镇化路径的比较

客观地说,三种不同的发展路径,是农民基于自身经济条件和认识水平以及所面对的限制因素等作出的自主意愿选择,路径本身不存在高低之别,只是处于个人发展的不同阶段,对我国当前的新型城镇化建设有不同的影响,未来的发展前景也各有差异。

本地非农就业带动型是最为渐进的发展路径,也是我国城镇化政策领域可长期鼓励的发展类型。农民在本市域、县域内被吸纳为城市居民,对农民自身来说,生活习惯、心理状态等容易调整。对城市政府来说,为居民配套的市政投入和农民退出的土地,可以进行调度平衡(如重庆的地票等试点),共同支付城镇化成本。但是这种路径的瓶颈在于就业岗位,中部粮食主产区的城镇经济实力逊于东部,而人口又众多,本地能够提供的就业岗位与本地的劳动力供给之间差距较大。

异地非农就业带动型的路径是当前最为活跃的情况。农民工外出到大城市打工积累一定经济收入后,返回家乡县城(而不是农村老家)就业和置业,从而在本地县城实现城镇化。这是一种妥协下的选择,鉴于大城市高昂的定居成本,大部分农民工不具备长期在大城市居住的经济实力。在积累到一定阶段后,返乡居住和就业。目前,各类调查中对这种路径反映最为集中。

新农村社区居住是城镇化的一个过渡路径。对居民来说,既能改善居住条件,承担的改善成本也相对较小。对政府来说,通过土地整治,优化城乡土地利用。这只是处于城镇化的起步,甚至是启蒙阶段,促使其接触非农产业部门、改善其居住条件,但其居住和就业均未发生实质性变化,仍居住在农村,且多以农业生产为主。我国农业人口众多,涌入城市难以消化,这样的过渡路径很有必要。同时,对城市而言,可借之缓解城市建设用地指标不够的情况,故成为地方政府促进城乡建设用地流转的有力抓手之一。

2. 其他城镇化路径

除了以上研究中发现的农民希望城镇化的路径外,研究中也有相当一部分村民由于各种原因,不愿意城镇化,从问卷表现上是居住地点不调整、职业以务农为主、保有自己的耕地和宅基地。原因归纳为四个方面:一是我国有世界历史上最长的连续不断的农耕史,有相当比例的人自愿生活在少污染的农村,不愿离开农村;二是城市的生活成本高;三是没有稳定职业,难以获得稳定收入;四是没有钱买房。与之对应,也有一部分农民希望子女到北上广工作并最终留下来。

3. 城镇化路径和城镇化模式

本书研究的是城镇化路径,是农民为实现城镇化所走的路线,是农民在实现城镇化的过程中,所采用的方法、采取的措施;是从微观的视角,从农民自身意愿选择出发,总结的个体行为选择。而在我国现有研究中,常见有城镇化模式的讨论。城镇化模式是从相对宏观的视角,对一个地区的城镇化过程中动力、体制、机制的总结,常见有苏南模式、温州模式等。路径更为具象,更倾向于个人意愿过程。模式更为抽象,更倾向于政府或一定社会群体的汇总选择。

从本书研究的粮食主产区的城镇化路径出发,探讨粮食主产区的城镇化发展模式。与东部地区的苏南、温州、珠三角等模式不同,粮食主产区城镇化内生动力略显不足,更多是受到外来资金输入,而不是外来产业输入的影响。

7.3 粮食主产区城镇化路径的主要影响因素

统一设定的实证模型,使得本书能够对前面三章的 8 个模型进行横向比较,分析各因素对城镇化路径各维度的影响情况,提炼主要因素。

1. 人力资本

教育水平具有至关重要的影响。反映教育水平的学历变量,在绝大部分模型中显著为正,支持城镇化行为。特别是反映大专及以上教育水平的"学历 2"变量,在多个模型中具有最高的 OR 值,是该模型中最具影响力的变量。这一结果与文献综述部分的许多研究是一致的,教育水平作为最突出的人力资本变量,对我国农民的城镇化有非常积极的作用。

"发展"的见识水平比"静止"的更重要。家庭外出务工率,反映流转迁徙提升的见识水平,显著支持农民的城镇化行为,支持农民向城镇迁移,支持农民从事非农就业,支持农民退出宅基地。与之相对,反映农民通过本地较高社会地位提升见识水平的变量"党员、干部",仅在支持青年就业非农化、支持宅基地退出的两个模型中显著为正,其他模型中均没有显著表现。而且在所有 8 个模型中,家庭外出务工率的 OR 值均超过"党员、干部",表明外出务工对城镇化行为有更为重要的影响力。在我国日渐开放的社会中,原有的依附于行政体制的信息、资源渠道逐渐让位于市场机制,农民通过外出务工,能够更广泛、更多元地获取资源,开放自己的视野,提升人力资本,更积极支持向城镇迁移。

2. 经济资本

经济实力的提升支持农民的城镇化意愿。更富裕的农民,才能跨越城镇化的中间成本,才敢于设想和规划自身的城镇化路径。家庭年均纯收入变量在迁移预期、迁移意愿、就业类型等模型中显著为正,支持农民向城镇迁居,向高等级城镇迁居,向非农产业调整。收入水平是问卷调查中最为敏感的问题之一,被调查者往往出于各种因素不愿意准确回答问题。为此,研究设计了家庭月消费水平变量,通过统计被调查者的消费水平,反映被调查者的经济资本能力,采用家庭月消费水平替换家庭年均纯收入,不影响8个模型的主要结论,通过了稳定性检验。

3. 土地资产

土地对农民的拉力。在迁移预期、迁移意愿、就业类型等模型中,宅基地、农地变量普遍表现显著为负。拥有更多土地的农民,更不愿意迁移到城镇,更不愿意从事非农产业。他们更倾向于围绕土地扩张生产,增加生活空间,随着土地面积的进一步扩张,更不愿意远离土地,这样不断正向反馈。粮食主产区适宜规模化经营,随着国家土地流转有关政策的落实,这样的农民可能发展为"家庭农场主"。本书发现粮食主产区的农村中,普遍存在这种基于土地形成的发展路径依赖,也就是土地对农民的拉力非常明显。

4. 居住、就业、土地的相互影响

处在城镇化进程中的居住、就业、土地三个维度,齐头并进的情况少,更多的是呈现某一维度领先,带动其他维度的调整。就业的带动作用最为明显,特别是已经完全脱离农业、全职务工或经商的农民,倾向于向城镇迁居、流转宅基地。已经在城镇购房的农民希望从事非农行业。已经在新农村社区居住的农民更愿意流转宅基地、农地。

5. 个体特征

性别和年龄差异主要体现在生产上。男性由于具备更强的身体素质,在城市能够更容易获取工作机会,他们更愿意从事非农产业,更愿意流转农地。男性和女性在向城镇迁居的意愿上并没有表现出显著差别。越是年轻人,越愿意从事非农产业。

第八章

结论与建议

8.1 主 要 结 论

人多地少是我国的基本国情,也决定了粮食安全的国家战略。因此,粮食主产区城镇化的基本任务是:在确保粮食耕作面积和农作物产量稳定的前提下,通过产业发展和土地集约利用,切实有效促进当地的经济发展,以提高当地居民的生活水平,从而引导人口的有序转移,以实现城镇化的健康发展。本书在这样的背景下,研究了粮食主产区农民的城镇化意愿和路径,得到以下主要结论。

8.1.1 粮食主产区存在跨越小城镇的跨级城镇化

研究发现,粮食主产区农民的人文活动空间的组织形态从“以自然村落为主的乡镇化”正在向“以小城市为主的城镇化”转变,而且这也是粮食主产区农民城镇化路径的一种必然选择。

费孝通先生在“小城镇大问题”一文中提出了发展小城镇的战略,这种城镇化发展的思想有其历史局限性(费孝通,1985)。随后,学术界关于城镇化发展方针的讨论持续不断,胡兆亮(1985)提出大城市论,周一星(1992)提出了多元论。我国地域广阔,不同地区的区域特色显著,应当采取差别化的城镇化发展的策略。

小城镇战略在一定时期符合国家发展的实际需求,促进了城镇化和社会经济发展。但粮食主产区农民在城镇化过程中却是跨越了小城镇的跨级城镇化。由于改革开放初期的特殊历史背景,江南小城镇独具优势的地理位置以及乡镇企业和个体工商业发展的群众基础,促进了苏南模式和温州模式的快速发展,在一定历史时期内促进了我国的城镇化和经济发展,国家在相当长一段时期内是从政策上支持这种小城镇战略的。但是,本研究发现,在粮食主产区现阶段的发展中,小城镇发展战略并不合适;在本书的调查地区,农民在城镇化过程中,跨越小城镇而直接进入中小城市的跨级城镇化相当普遍。

粮食主产区的跨级城镇化与东部地区小城镇的蓬勃发展存在较大差异。在东部快速发展时期,东部很多乡镇由于便利的交通条件,着力发展特色产业,形成"一乡一业、一村一品"的小城镇繁荣发展局面,具备良好产业基础的中心镇,能够为当地农民创造良好的非农就业机会,对当地农民有较大吸引力,因此成为当地农民就地和就近城镇化的主要空间区域。改革开放以来,苏南地区的乡镇企业迅猛发展,在很大程度上促进了当地中心镇、建制镇的发展,甚至在乡镇企业的带动下,部分中心村或小集市快速发展为小城镇(刘彦随、鲁奇,1998),可见乡镇企业对苏南地区中心镇发展的巨大推动作用,以及这些中心镇对周边农民的巨大吸引力。

处于正在发展中的粮食主产区,县城成为农民向城镇迁移的主要目的地,而小城镇的吸引力不足,农民在城镇化过程中,往往越过小城镇这一等级,而直接进入县城。粮食主产区的县城是传统的地区行政、经济和社会服务中心,在接受大城市辐射的同时,带动小城镇发展,在地区发展中起到承上启下的重要作用。从城市形态上看,县城已具有与农村不同的城市形态,而小城镇则与周边农村并没有明显的区别。县城的商品房普遍为多层和小高层,而小城镇则与农村的住房形态相对接近。我国的财税体制下,乡镇政府无独立财政权,所获税收需要统一上缴到县政府统筹调度,总体并不富裕的情况下,县里往往将资金转移给贫困乡镇或用于县政府所在地的基础设施和公共设施的建设,而返回到本乡镇、用于建设的资金少,这直接导致县城和小城镇在城市基础设施和市政公用事业方面的巨大差异。因此,从本研究的调查结果可以看出,粮食主产区农民在城镇化过程中,跨越小城镇而直接进入县城的城镇化模式更为普遍,这与东部发达地区的城镇化发展模式有所不同。

8.1.2　新农村社区是粮食主产区城镇化的重要过渡形式

粮食主产区农民对土地的感情强烈,即便是年轻农民对土地的依赖性也相对较大。从调查结果来看,农业生产仍是粮食主产区年轻农民的主要就业形式,对农地的依赖,决定了农民在居住选择的过程中重点考虑新农村社区。

新农村社区是城镇化中的一个重要过渡。农业性质决定农村长期存在居住分散现象,随着农村的发展,农村人口和村庄数量在逐步减少,出现了很多空心村、山区村、萎缩村,对这些旧村进行基础设施的改造配套很难,所以因地制宜开展新农村建设是必要的。新农村建设,是一个归并村庄、优化村镇居民点的过程,本质上是农民住房建设,鉴于新农村社区中农民的就业形式仍以农业为主,因此在其房屋设计和建设中应充分考虑与当地农业生产方式相适应。通过新农村建设,促进乡村人口的适度集聚,有利于合理配置建设用地,实现集约紧凑发展;有利于提高农村公共服务设施建设的效益,降低农村现代化的成本。

新农村建设在居住、就业和土地等方面都有利于城镇化的实现。新农村社区的建设在一定程度上促进了农村富余劳动力向非农产业部门的流动和转移。同时,新农村社区也使得农民的非农就业地点的空间选择更加趋于本地化。新农村社区的建设,在提高农民的土地产权意识、促进农村地区宅基地节约集约利用方面是卓有成效的。一方面,新农村社区的建设在很大程度上缓解了现在农村存在的"一户多宅"、非法占地的现象;另一方面,新农村社区的建设增强了农民对"拆旧建新"和宅基地相关政策、农地相关政策的了解程度。此外,新农村社区的农民在"退出宅基地进入城镇生活"的问题上比传统农村社区的农民更加宽容。

8.1.3 人力资本是影响粮食主产区城镇化的重要因素

本书从农民个体的角度出发进行研究,发现人力资本促进城镇化的实现,具备不同的人力资本条件的农民会选择各有差异的城镇化路径。研究表明,教育水平和见识水平两个方面的人力资本对农民的城镇化迁移影响最大。

教育水平对粮食主产区农民的城镇化行为具有至关重要的影响,这与大多数已有研究成果一致。随着教育水平的提升,农民具备更多的知识积累或技能积累,因此更容易获得城市的就业机会,也更有信心去争取城市就业机会,故而倾向于城镇化。在本书解释农民城镇迁移、就业选择和土地流转的大多数模型中,反映教育水平的学历变量均显著为正,支持城镇化行为。尤其是反映"大专及以上"教育水平的变量,在多个模型中具有最高的 OR 值,是对应模型中最具影响力的变量。由此可见,普遍提高农民的受教育水平,尤其是促进其接受高等教育或职业教育,对于增加农民的人力资本积累有显著意义,同时也能积极推进农民的城镇化。

见识水平对粮食主产区农民的城镇化行为具有重要影响,尤其是"发展"的见识水平,比"静止"的见识水平更为重要。变量"家庭外出务工率"表示农民家庭中外出务工的成员比重,反映了流转、迁徙所提升的见识水平。农民通过外出务工,在积累非农就业技能的同时也开阔了视野,能够认识到事物是发展变化的,更具备发展的眼光来看待城镇化问题;相比于未外出务工的农民来说,他们更加熟悉城市生活方式和在非农行业部门就业的技能需求。变量"党员、干部"反映了农民通过本地较高社会地位和政治资本提升的见识水平,在相对固定的农村生活环境中通过该身份获得的政治资本和政策学习机会等可提升其见识水平,相比于普通农民来说,更加熟悉城镇化的相关政策。在本书解释农民城镇迁移、就业选择和土地流转的大多数模型中,反映"发展"见识水平的变量"家庭外出务工率"显著支持农民的城镇化行为,支持农民向城镇迁移、从事非农就业、退出宅基地;反映"静止"见识水平的变量"党员、干部"仅在支持青年非农就业、支持宅基地退出的模型中显著为正,其他模型中均没有显著表现。而且在所有模型中,"家庭外出务工率"的 OR 值均超过"党员、干部",说明家庭外出务工率对于城镇化行为具有相对更重要的影响力。由此可见,提高农民家庭成员的外出务工比率,可促进其原有的依附行政体制、政策扩散的信息获取和资源积累渠道逐渐过渡到依附市场机制,即农民通过外出务工获得更广泛、更多元的信息渠道和技能、资源的累积,从而提高人力资本,以促进其城镇化。

8.1.4　粮食主产区农民和农村城镇化的三种主要路径

研究通过对粮食主产区农民的城镇迁移行为、非农就业行为、土地流转行为的研究,本书归纳出三种粮食主产区农民和农民的城镇化路径。第一,见识水平较高的中年农民,或见识水平较高的邻近城区的农民采取"本地非农就业带动型的路径";第二,教育水平和见识水平普遍较高的年轻农民采取"异地非农就业带动型的路径";第三,教育水平和见识水平普遍较低的农民采取"以新农村为过渡的路径"。

8.2　政　策　建　议

促进粮食主产区城镇化发展的政策建议如下:

(1)要依托县城发展中小城市,鼓励就近城镇化。减少异地城镇化的"候鸟型""钟摆式"。

根据国外经验,镇区人口达到 3 万—5 万,第三产业才能有效运转。要重点建设 3 万以上的小城镇,农民"用脚投票"选择中小城市居住。

第一,在县域城市可重点发展劳动密集型产业,以增加县城的就业岗位。农民向城镇迁移主要是就业带动下的居住地转移,因此,发展产业、提供就业岗位是引导农民有序城镇化的关键。而县城是农民向城镇迁移的首选之地,依托县城发展中小城市,对于促进农民走向城镇定居、成为城市居民有重要意义,在以县城为主的中小城市发展劳动密集型产业,有助于为进城农民提供就业岗位,有助于吸引农民进城定居,为逐步实现"人的城镇化"打下重要基础。

第二,有序推进新农村社区建设,加强新农村社区的配套产业发展。对于没有能力进入城市定居的农民来说,新农村社区是其迁居的首要选择,这一方面是由于进入新农村社区能够以相对最小的成本改善其住房条件,更重要的是因为进入新农村社区后,能增加农民自身的非农就业机会,对于提高农民收入水平和生活水平有重要帮助,对于实现有序的、健康的城镇化有重要意义。

第三,通过完善土地流转机制,以实现农民土地资产的经济价值和保障价值的显化。在传统农村中,农民的土地资产能够满足其衣食用住行的基本生活需求,有其经济价值和保障价值。在农民进入城市定居后,其所拥有的农地和宅基地等土地资产需要通过有效的土地流转机制,使其既能实现经济价值的显化,同时又能实现其保障价值。

(2)从农民的经济水平出发引导差异化的城镇化。

通过对不同收入水平被调查农民的居住预期的分析表明,如果一个地区的农民收入水平在10 000元以下,可能以就近城镇化为主,要更注重县城的建设。超过15 000元,农民实现跨等级城镇化的可能性大大增大,这对本地城镇化等级构建有较大影响,县城和小城镇不是那么重要。如果是这样,在农民家庭年均纯收入超过15 000元的地区,要加强农村和地级市的联系能力,支持其到地级市城区实现城镇化。

(3)提高农民的人力资本是促进农民实现城镇化的重要方法。

一方面,强化农民教育,增加农民就业培训。从事第一产业的人员素质与工业化要求的文化知识、劳动技能之间存在着差距,不利于他们在城镇中稳定居住下来。研究表明,教育水平,特别是接受了大专及以上教育,对农民城镇化进程中迁居、就业都有重要影响。所以强化农民的下一代教育非常重要,只有这样,才能满足不断发展的经济社会需要,才能使他们适应城市生活。另一方面,降低农民非农就业的成本,创造机会使农民增长见识、开阔眼界。研究发现,具有较高人力资本的农民更愿意城镇化。

参考文献

蔡昉,王德文,都阳.中国农村改革与变迁:30 年历程和经验分析[M].上海:格致出版社,上海人民出版社,2008.

蔡昉.经济增长方式转变与可持续性源泉[J].宏观经济研究,2005(12):34-37,41.

蔡运龙.土地利用/土地覆被变化研究:寻求新的综合途径[J].地理研究,2001(06):171-180.

陈春.中国建设用地增长驱动力研究[D].北京:北京大学,2009.

陈晓华.乡村转型与城乡空间整合研究[D].南京:南京师范大学,2008.

陈洋,李郇,许学强.改革开放以来中国城市化的时空演变及其影响因素分析[J].地理科学,2007,27(02):142-148.

程名望,史清华,刘晓峰.中国农村劳动力转移:从推到拉的嬗变[J].浙江大学学报(人文社会科学版),2005,35(6):105-111.

崔功豪,马润潮.中国自下而上城市化的发展及其机制[J].地理学报,1999,54(2):106-115.

邓大才,刘金海,曹攀峰,等.平原经济——黄河岸边农民的经济社会生活[M].北京:中国社会科学出版社,2008.

董舟.农业技术进步视角下我国农村劳动力转移问题研究[D].长沙:湖南农业大学,2011.

费孝通.小城镇四记[M].北京:新华出版社,1985.

冯健.乡村重构:模式与创新[M].北京:商务印书馆,2012.

高更和,陈淑兰,李小建.中部农区农户打工簇研究——以河南省三个样本村为例[J].经济地理,2008(02):313-317.

高芸.中国农村劳动力反复流动问题研究[M].北京:经济科学出版社,2011.

辜胜阻,李正友.中国自下而上城镇化的制度分析[J].中国社会科学,1998(2):60-70.

辜胜阻,易善策,李华. 中国特色城镇化道路研究[J]. 中国人口资源与环境,2009,19(1):47-52.

顾朝林,柴彦威,蔡建明,等. 中国城市地理[M]. 北京:商务印书馆. 1999.

顾莉丽. 中国粮食主产区的演变与发展研究[D]. 长春:吉林农业大学,2012.

国家发展和改革委员会宏观经济研究院课题组. 迈向全面建成小康社会的城镇化道路研究[J]. 经济研究参考,2013(25):3-34.

韩本毅.影响城市人口规模的机制及实证[J]. 当代经济科学,2010,32(02):83-89.

何流,崔功豪.南京城市空间扩展的特征与机制[J].城市规划汇刊,2000,23(6):56-59.

胡俊波. 禀赋、不确定性与转型期农村劳动力转移[D]. 重庆:西南财经大学,2007.

胡兆量.北京人口规模的回顾与展望[J].城市发展研究,2011,18(04):8-10.

胡兆量. 大城市人口的超前发展规律[J]. 社会调查与研究,1985(2):49-51.

蒋文畅. 个人及家庭特征对我国农村劳动力迁移影响的实证研究[D]. 上海:复旦大学,2011.

柯善咨,何鸣.规划与市场——中国城市用地规模决定因素的实证研究[J].中国土地科学.2008,22(4):12-18.

克拉克,费尔德曼,格特勒. 牛津经济地理学手册[M]. 刘卫东,王缉慈,李小建,等译. 北京:商务印书馆,2005.

孔祥云,王小龙. 略论我国农村城镇化模式的选择[J]. 农村经济,2013(2):95-99.

李广厚. 对粮食主产区经济社会协调发展的思考[J]. 安徽农学通报,2007,13(20):10-12.

李国平,谭玉刚.中国城市化特征、区域差异及其影响因素分析[J].社会科学辑刊,2011(02):106-110.

李华. 中国农村:公共品供给与财政制度创新[M]. 北京:经济科学出版社,2005.

李建军. 工业化以来人类对城乡关系的认识[J]. 城市问题,2012(2):2-8.

李宁,丁四保,谢景武. 老工业基地城市对农村劳动力吸纳力的研究——以长春市为例[J]. 地理科学,2003,23(3):287-292.

李斯特. 政治经济学的国民体系[M]. 陈万煦,等译. 北京:商务印书馆,1961.

李小建,李国平,曾刚,等. 经济地理学(第2版)[M]. 北京:高等教育出版社,2006.

林坚. 中国城乡建设用地增长研究[M]. 北京:商务印书馆,2009.

刘保奎. 北京外来农民工居住选择、迁居与聚居研究[D].北京:北京大学,2011.

刘东,封志明,杨艳昭,等.中国粮食生产发展特征及土地资源承载力空间格局现状[J].农业工程学报,2011,27(07):1-6.

刘盛佳.吴传钧院士的人文地理思想与人地关系地域系统学说[J].地理科学进展,1998,17(01):12-18.

刘孝成,魏曼.改革开放后城市化影响因素实证分析[J].商业时代,2012(17):21-23.

刘彦随,王介勇,郭丽英.中国粮食生产与耕地变化的时空动态[J].中国农业科学,2009,42(12):4269-4274.

刘彦随,刘玉.中国农村空心化问题研究的进展与展望[J].地理研究,2010,29(01):35-42.

刘彦随,鲁奇.苏南现代化进程中的土地问题及对策[J].地理科学进展,1998,17(2):78-83.

刘彦随.中国东部沿海地区乡村转型发展与新农村建设[J].地理学报,2007,62(06):563-570.

刘玉,刘彦随.乡村地域多功能的研究进展与展望[J].中国人口·资源与环境,2012,22(10):164-169.

卢向虎,朱淑芳,张正河.中国农村人口城乡迁移规模的实证分析[J].中国农村经济,2006(1):35-41.

鲁莎莎,刘彦随,关兴良.粮食主产区农村经济发展态势及其政策影响分析[J].经济地理,2011,31(03):483-488.

陆大道,姚士谋,刘慧,等.2006中国区域发展报告:城镇化进程及空间扩张[M].北京:商务印书馆,2007.

罗吉斯,伯德格.乡村的社会变迁[M].王晓毅,王地宁,译.杭州:浙江人民出版社,1988.

马华泉.城市化中教育投资对农村劳动力转移的影响研究[D].哈尔滨:东北林业大学,2010.

马歇尔.经济学原理(下卷)[M].朱志泰,陈良璧,译.北京:商务印书馆,1965.

孟晓晨.城乡劳动力的转移与城市化[J].地理学报,1992,47(5):441-450.

米尔斯.社会学的想象力[M].北京:生活·读书·新知三联书店,2005.

乔旭华,张建杰.粮食主产区农民粮作经营行为取向与政策效应[J].农业现代化研究,2008(2):142-145.

秦佳,李建民.中国人口城镇化的空间差异与影响因素[J].人口研究,2013,37(02):25-40.

史自力,龚文海.中国区域农村劳动力转移的动力机制——以中原经济区为样本[M].北京:社会科学文献出版社,2013.

舒尔茨.论人力资本投资[M].吴珠华,等译.北京:北京经济学院出版社,1990.

斯密.国民财富的性质和原因的研究(上卷)[M].王亚南,等译.北京:商务印书馆,1972.

孙艳霜,金盛红,苏相锟.粮食主产区:困境、希望、出路[J].吉林农业,1999(8):4-5.

谈明洪,李秀彬,吕昌河.20世纪90年代中国大中城市建设用地扩张及其对耕地的占用[J].中国科学(D辑:地球科学),2004,34(12):1157-165.

唐礼智.我国城市用地扩展影响因素的实证研究——以长江三角洲和珠江三角洲为比较分析对象[J].厦门大学学报(哲学社会科学版),2007(6):90-96.

唐文金.农民土地流转意愿与行为研究[M].北京:中国经济出版社,2008.

王国刚,刘彦随,刘玉.城镇化进程中农村劳动力转移响应与调控——以东部沿海地区为例[J]. 自然资源学报,2013,28(1):1-9.

王海鸿,常艳妮,杜茎深,等.建设用地扩张驱动力分析——以甘肃省为例[J].干旱区资源与环境,2008,22(3):75-80.

王丽萍,周寅康,薛俊菲.江苏省城市用地扩张及驱动机制研究[J].中国土地科学,2005,19(6):26-29.

王茂军.山东省城市人口规模的职能效应分析[J].地理学报,2007,62(02):127-136.

王伟,钟鸿雁.中国城市化的时空演变及因素分析[J].城市发展研究,2012,19(04):6-10.

王兆礼,陈晓宏,曾乐春,等.深圳市土地利用变化驱动力系统分析[J].中国人口·资源与环境,2006,16(6):123-128.

卫欣.北京外来农民工居住特征研究[D].北京:北京大学,2008.

魏后凯,王业强.中央支持粮食主产区发展的理论基础与政策导向[J].经济学动态,2012(11):49-55.

吴桂淑,范静,康晨宇.优化农村产业结构——粮食主产区经济发展的战略选择[J].农业经济,1995(12):29-31.

谢平,文倩,孙水娟,等.基于人粮关系的湖南省耕地资源人口承载力研究[J].水土保持研究,2012,19(04):274-277.

谢曙光.粮食主产区经济结构调整和优化的途径探讨[J].中州学刊,2004,141(3):31-33.

熊捷.资本深化、劳动力异质性对农村转移劳动力就业的影响[D].重庆:重庆大学,2011.

熊利亚,夏朝宗,刘喜云,等.基于RS和GIS的土地生产力与人口承载量——以向家坝库区为例[J].地理研究,2004,23(01):10-18.

徐冰.粮食安全背景下的我国粮食主产区经济发展问题研究[D].长春:东北师范大学,2009.

徐呈柯.人力资本投资视角下农村剩余劳动力转移研究[D].郑州:郑州大学,2011.

杨松.论农村劳动力转移——基于户籍歧视视角[D].北京:中共中央党校,2011.

杨文选,张晓艳.国外农村劳动力迁移理论的演变与发展[J].经济问题,2007(6):18-21.

姚静,李小建.国际地理学界关于中国农区的热点研究[J].人文地理,2008a(05):1-6.

姚静,李小建.欠发达农区外出务工规模及影响因素分析[J].地理科学进展,2008b,27(4):89-95.

叶超.基于斯密框架的中国城乡关系研究[D].中国科学院地理科学与资源研究所,2008.

易承志.转型期中国城市化的进程分析[J].经济问题探索,2012(09):27-34.

虞小强.城镇化进程中农民进城行为研究[D].杨凌:西北农林科技大学,2012.

曾菊新.现代城乡网络化发展模式[M].北京:科学出版社,2001.

张红.国内外资源环境承载力研究述评[J].理论学刊,2007(10):80-83.

张金前,韦素琼.快速城市化过程中城市用地扩展驱动力研究[J].福建师范大学学报(自然科学版),2006,22(4):14-18.

张卫华.工业化、城市化进程中粮食主产区经济发展路径选择——以河南省为例[D].郑州:河南农业大学,2007.

张文.中部地区农村劳动力转移与人力资源开发问题研究[D].南昌:南昌大学,2007.

张小强.公共产品消费对城市人口规模决定的影响[J].人口与经济,2008(05):13-17.

赵金华,曹广忠,王志宝.我国省(区)人口城镇化水平与速度的类型特征及影响因素[J].城市发展研究,2009,16(09):54-60.

赵新平,周一星.改革以来中国城市化道路及城市化理论研究述评[J].中国社会科学,2002(2):132-238.

郑丽,霍学喜.粮食主产区农民粮食生产投入决策行为分析[J].西北农林科技大学学报(社会科学版),2007(6):49-54.

周其仁.机会与能力——中国农村劳动力的就业和流动[J].管理世界,1997(5):81-101.

周叔莲.国外城乡经济关系理论比较研究[M].北京:经济管理出版社,1993.

周一星.论中国城市发展的规模政策[J].管理世界,1992(6):160-165.

周一星.周一星自选集:城市地理求索[M].北京:商务印书馆,2010.

周一星.城市化与国民生产总值关系的规律性探讨[J].人口与经济,1982(01):28-33.

周一星.城市地理学[M].北京:商务印书馆,1995.

周玉梅.中国经济可持续发展研究[D].长春:吉林大学,2005.

ALIG J R. HEALY G R. Urban and built-up land area changes in the United States:An empirical investigation of determinants[J]. Land Economics,1987,63(3):215-226.

BARRERA V, NORTON G W, ALWANG J R, et al. Adoption of integrated pest management technologies: A case study of potato farmers in Carchi, Ecuador[J]. 2005 American Agricultural Economies Association Annual Meeting, 2005(7): 24-27.

BARTEL A P. The migration decision: What role does job mobility play? [J]. American Economic Review, 1979, 69(69):775-786.

BEALS R E, LEVY M B, MOSES L N. Rationality and migration in Ghana[J]. Review of Economics & Statistics, 1967, 49(4):480-486.

BILSBORROW R E, MCDEVITT T M, Fuller K R. The impact of origin community characteristics on rural-urban out-migration in a developing country[J]. Demography, 1987, 24(2):191-210.

BRADLEY R, GANS J S. Growth in Australian cities[J]. Economic Record, 2010, 74 (226):266-278.

BRAUW A D, HUANG J, Rozelle S, et al. The evolution of China's rural labor markets during the reforms[J]. Journal of Comparative Economics, 2002, 30(2):329-353.

BRUEGMANN R. Sprawl: A Compact History[M]. Chicago: University of Chicago

Press,2005.

CAMAGNI R, CRISTINA M, RIGAMONTI P. Urban mobility and urban form: The social and environmental costs of different patterns of urban expansion[J]. Ecological Economics, 2002, 40(2):199-216.

CHANG G H, BRADA J C. The paradox of China's growing under-urbanization[J]. Economic Systems, 2006, 30(1):1-40.

DAVANZO J. Does unemployment affect migration? Evidence from micro data[J]. The Review of Economics and Statistics, 1978, 60(4):504-514.

DOUGLASS M. A regional network strategy for reciprocal rural-urban linkages: An agenda for policy research with reference to Indonesia[J]. Third World Planning Review, 1998, 20(1):1-33.

FANSLER B D A. The economics of urban sprawl: Theory and evidence on the spatial sizes of cities[J]. The Review of Economics and Statistics, 1983, 65(3):479-482.

FEI J C H, RANIS G. Growth and Development from an Evolutionary Perspective[M]. Oxford: Basil Blackwell, 1997.

FIRMAN T. Land conversion and urban development in the northern region of West Java, Indonesia[J]. Urban Studies, 1997, 34(7):1027-1046.

GILLHAM O. The Limitless City: A Primer on the Urban Sprawl Debate[M]. Washington, D C: Island Press,2002.

GLASESER E L, SCHEINKMAN J A, SHLEIFER A. Economic growth in a crosssectors analysis [J]. The American Economics Review, 1995, 70(3): 126-142.

GOTTMAN J. Megalopolis: The Urbanized Northeastern Seaboard of the United States [M]. New York:Twentieth Century Fund,1961:247.

GOUTHIE H L, JTAAFFE E. The 20th century 'Revolutions' in American geography [J]. Urban Geography, 2000, 23(6): 503-527.

HARE D. 'Push' versus 'pull' factors in migration outflows and returns: Determinants of migration status and spell duration among China's rural population[J]. Journal of Development Studies, 1999, 35(3):45-72.

HARRIS J, TODARO M. Migration, unemployment, and development: A two sector analysis[J]. American Economy Review, 1970(40): 126-142.

HARVEY D. The Condition of Postmodernity: An Enquiry into the Origins of Culture Change[M]. Oxford: Basil Blackwell,1989.

HEALY A R G. Urban and built-up land area changes in the United States: An empirical investigation of determinants[J]. Land Economics, 1987, 63(3):215-226.

HELTBERG R. Rural market imperfections and the farm size —productivity relationship: Evidence from Pakistan[J]. World Development, 1998, 26(10):1807-1826.

JENKINS P. Difficulties encountered in community involvement in delivery under the

New South African housing policy[J]. Habitat International, 1999, 23(4): 431-446.

KNIGHT J, SONG L. Towards a labour market in China[J]. Economics of Transition, 1995, 11(4):97-117.

LEE E S. A theory of migration[J]. Demgraphy, 1996, 3(1):47-57.

MAJD M G. On the Relationship between land reform and rural-urban migration in Iran, 1966—1976[J]. Middle East Journal, 1992, 46(3): 440-455.

MCGRATH D T. More evidence on the spatial scale of cities[J]. Journal of Urban Economics, 2005, 58(1):1-10.

MENDOLA M. Farm household production theories: A review of "institutional" and "behavioral" responses [J]. Asian Development Review, 2007, 24(1): 49-68.

RANIS G, FEI J C H. A theory of economic development[J]. American Economic Review, 1961, 51(4):533-565.

SAHOTA G S. An economic analysis of internal migration in Brazil[J]. Journal of Political Economy, 1968, 76(2): 218-245.

STALEY S R. The sprawling of America: In defense of the dynamic city[R]. Policy Institute No. 251. Los Angeles: Reason Public Policy Institute, 1999.

STARK O, BLOOM D E. The new economics of labor migration[J]. American Economic Review, 1985, 75(2):173-178.

STARK O, YITZHAKI S. Labour migration as a response to relative deprivation[J]. MPRA Paper, 1988, 1(1):57-70.

SUMNER D A. Wage functions and occupational selection in a rural less developed country setting[J]. The Review of Economics and Statistics, 1981, 63(4): 513-519.

TODARO M P. Migration and economic development: A review of theory, evidence, methodology and research priorities[J]. Institute for Development Studies University of Nairobi, 1976.

TODARO M P. A model for labor migration and urban unemployment in less developed countries[J]. The American Economic Review, 1969, 59(1): 138-148.

WEIR R E. A field guide to sprawl[J]. Journal of Popular Culture, 2005, 28(1):129-130.

WOODS M. Rural Geography: Processes, Responses and Experiences in Rural Restructuring[M]. London: Sage, 2005.

YANG D T. China's land arrangements and rural labor mobility[J]. China Economic Review, 1997, 8(2): 101-115.

ZHANG T. Community features and urban sprawl: The case of the Chicago metropolitan region[J]. Land Use Policy, 2001, 18(3):221-232.

ZHAO Y. Labor migration and earnings differences: The case of rural China[J]. Economic Development and Clutural Change, 1999, 47(4):767-782.